예비 초등학생을 위한 국어 교과서

미리 준비하는
초등국어
바른 한글 쓰기

예비 초등학생을 위한 국어 교과서
미리 준비하는
초등 국어 바른 한글 쓰기

초판 인쇄   2015년 5월 20일

지은이   시사정보연구원
발행인   권윤삼
발행처   도서출판 산수야

등록번호   제1-1515호
주소   서울시 마포구 월드컵로 165-4호
우편번호   121-826
전화   02-332-9655
팩스   02-335-0674

ISBN 978-89-8097-358-3   73710

값은 뒤표지에 있습니다. 잘못된 책은 바꾸어 드립니다.

이 책의 모든 법적 권리는 도서출판 산수야에 있습니다.
저작권법에 의해 보호받는 저작물이므로
본사의 허락 없이 무단 전재, 복제, 전자출판 등을 금합니다.

예비 초등학생을 위한 국어 교과서

미리 준비하는
초등국어
바른 한글 쓰기

시사정보연구원 지음

시사패스
SISAPASS.COM

미리 준비하는 초등 국어 바른 한글 쓰기를 펴내며

　어린이 여러분, 여러분들은 왜 글자를 바르고 예쁘게 써야 하는지 알고 있나요? 부모님이나 선생님께서 글씨를 예쁘게 써야 한다고 강조하니 어쩔 수 없다고 생각하나요? 그렇지 않아요. 많은 박사님들이 손으로 글씨를 쓰는 어린이가 뇌 발달과 기억력이 훨씬 뛰어나다는 연구 결과를 내놓았어요. 그 이유는 여러 가지 유익한 신체 활동과 정신 활동이 동시에 일어나기 때문이래요.

　이 책은 어린이 여러분이 초등학생이 되어 처음 배우는 국어 교과서의 문장과 단어를 중심으로 한글을 바르고 예쁘게 쓸 수 있도록 구성했어요. 특히 글자 모양에 따라 바른 글씨를 쓸 수 있도록 보조선을 표시해 두었기 때문에 보조선에 맞추어서 한 자 한 자 정성들여 쓰다 보면 어느

새 근사한 예쁜 글씨를 쓸 수 있게 된답니다. 그리고 단어와 짧은 문장, 긴 문장 순으로 구성되어 있기 때문에 받아쓰기도 준비할 수 있어요.

　국어 공부도 하면서 예쁜 글씨를 쓸 수 있는 이 책은 수수께끼와 속담을 익히면서 한글을 배울 수 있고, 특히 알고 있어도 헷갈리기 쉬운 원고지 사용법을 확실하게 정리해 두었기 때문에 두고두고 활용할 수 있답니다.

　손 글씨를 예쁘게 쓰면 자신감이 생기고, 집중력도 좋아져요. 하루를 기록하는 일기, 숙제를 하거나 독후감을 쓸 때 가지런하고 예쁜 글씨로 쓴 자신을 상상해 보세요. 컴퓨터가 일상생활에 활용되면서 이메일이나 휴대폰으로 소식을 전하기 때문에 손으로 쓴 편지를 찾아볼 수 없다고들 말해요. 최첨단과 편리함을 추구하는 우리의 생활이지만 글씨를 쓰면서 마음을 다스리는 시간은 꼭 필요해요. 글씨가 그 사람의 인격을 대변하는 방편이 되기 때문이지요.

　어린이 여러분, 처음부터 글씨를 예쁘게 쓰는 사람은 없어요. 한석봉도 피나는 노력으로 명필이 되었어요. 꾸준하게 연습하면 좋은 습관도 생기니 꿩 먹고 알 먹기예요. 글씨를 쓸 때는 허리를 쭉 펴고, 엉덩이가 완전히 의자 등받이에 밀착된 상태에서 무릎을 직각으로 구부리는 바른 자세가 중요해요. 연필은 적당히 힘을 주어 잡고, 너무 세우거나 눕히지 않아요. 엄지와 검지의 모양을 둥글게 하여 연필을 잡고 가운뎃손가락으로 연필을 받쳐요. 이때 손목이 좌우로 꺾이지 않도록 주의하는 게 좋아요. 글자를 여러 번 써도 크기가 같아야 균형감과 짜임새가 있다는 것도 꼭 기억하세요.

　자, 이제 도전해 볼까요?

차례

제1부
한글을 익혀요

1. 자음자를 차례에 맞게 써 봅시다   10
2. 모음자를 차례에 맞게 써 봅시다   15
3. 자음자와 모음자를 합하여 써 봅시다   19
4. 글자의 모양을 바르게 써 봅시다   24
5. 자음의 위치에 따라 글씨가 달라져요   27

쉬어가기 : 사랑하는 우리 가족의 이름을 적어 봅시다   32

제2부
교과서로 익히는 한글

1. 낱말을 익혀 봅시다   34
2. 재미있는 낱말을 써 봅시다   37
3. 글씨를 바르게 쓰면서 받아쓰기 연습을 해 봅시다   41
4. 문장 부호를 바르게 써 봅시다   49
5. 문장을 알맞게 띄어 읽는 방법을 알아봅시다   51

쉬어가기 : 우리 집 주소를 바르게 적어 봅시다   54

제3부

수수께끼로 익히는 한글

수수께끼를 풀면서 바르게 써 봅시다   **56**

쉬어가기 : **소중한 물건**을 적어 봅시다   **64**

속담으로 익히는 한글

속담을 익히며 바르게 써 봅시다   **66**

쉬어가기 : **사계절과 자연**에서 볼 수 있는 것을 적어 봅시다   **72**

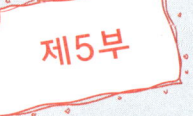

원고지 사용법과 일기 쓰기

원고지 사용법을 알아봅시다   **74**

원고지 쓰는 방법   **75**

일기를 잘 쓰는 방법   **88**

일기를 쓸 때 필요한 구성 요소에는 무엇이 있을까?   **90**

일기는 어떻게 쓸까?   **91**

일기 형식에 따른 예시 글   **93**

제1부
한글을 익혀요

01 자음자를 차례에 맞게 써 봅시다

기역

니은

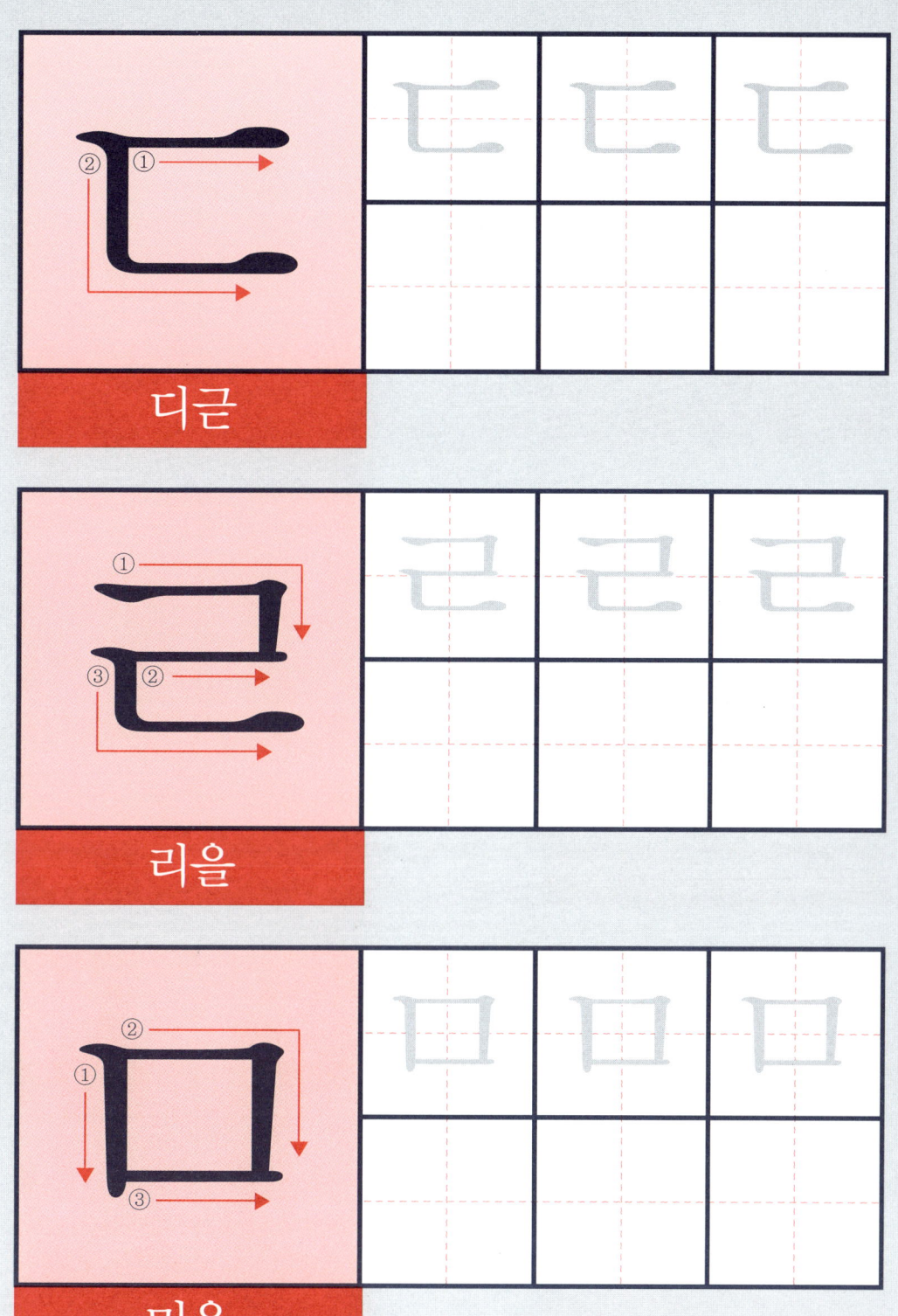

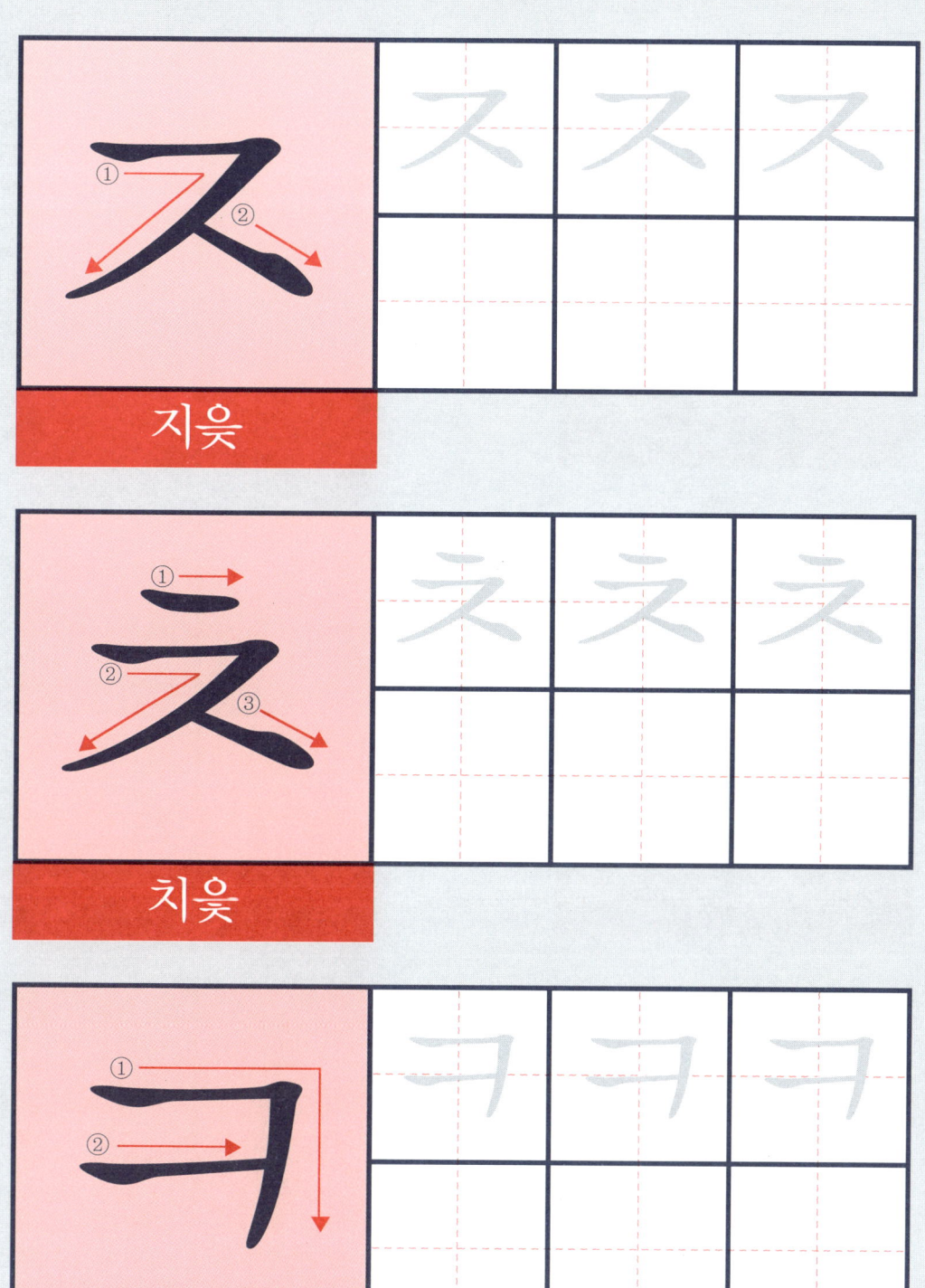

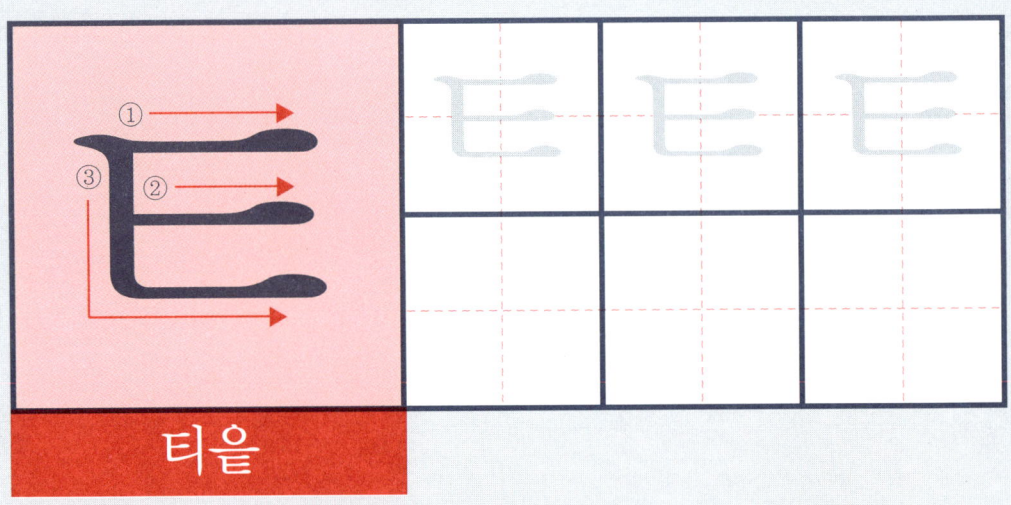

티읕

피읖

히읗

02 모음자를 차례에 맞게 써 봅시다

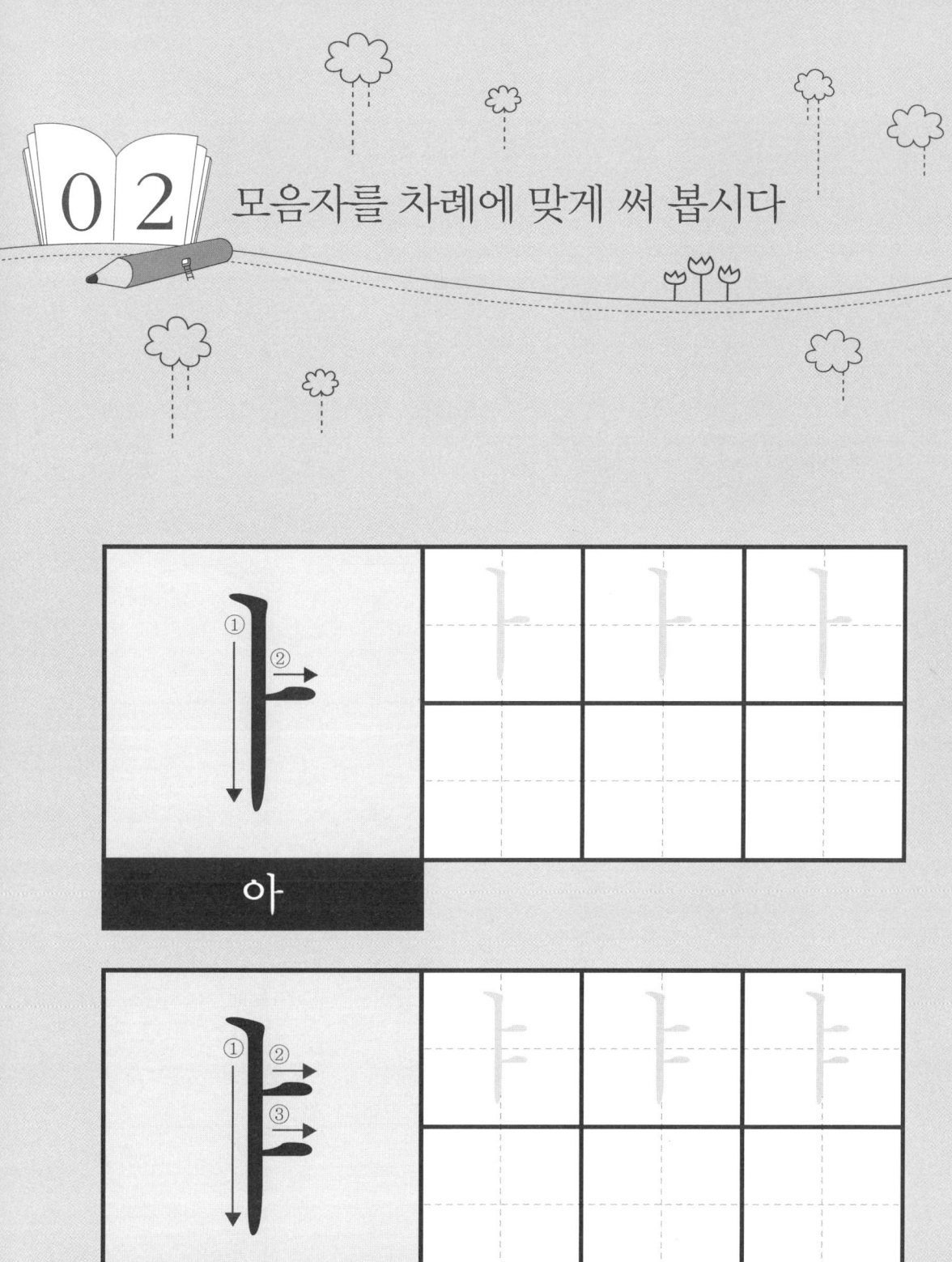

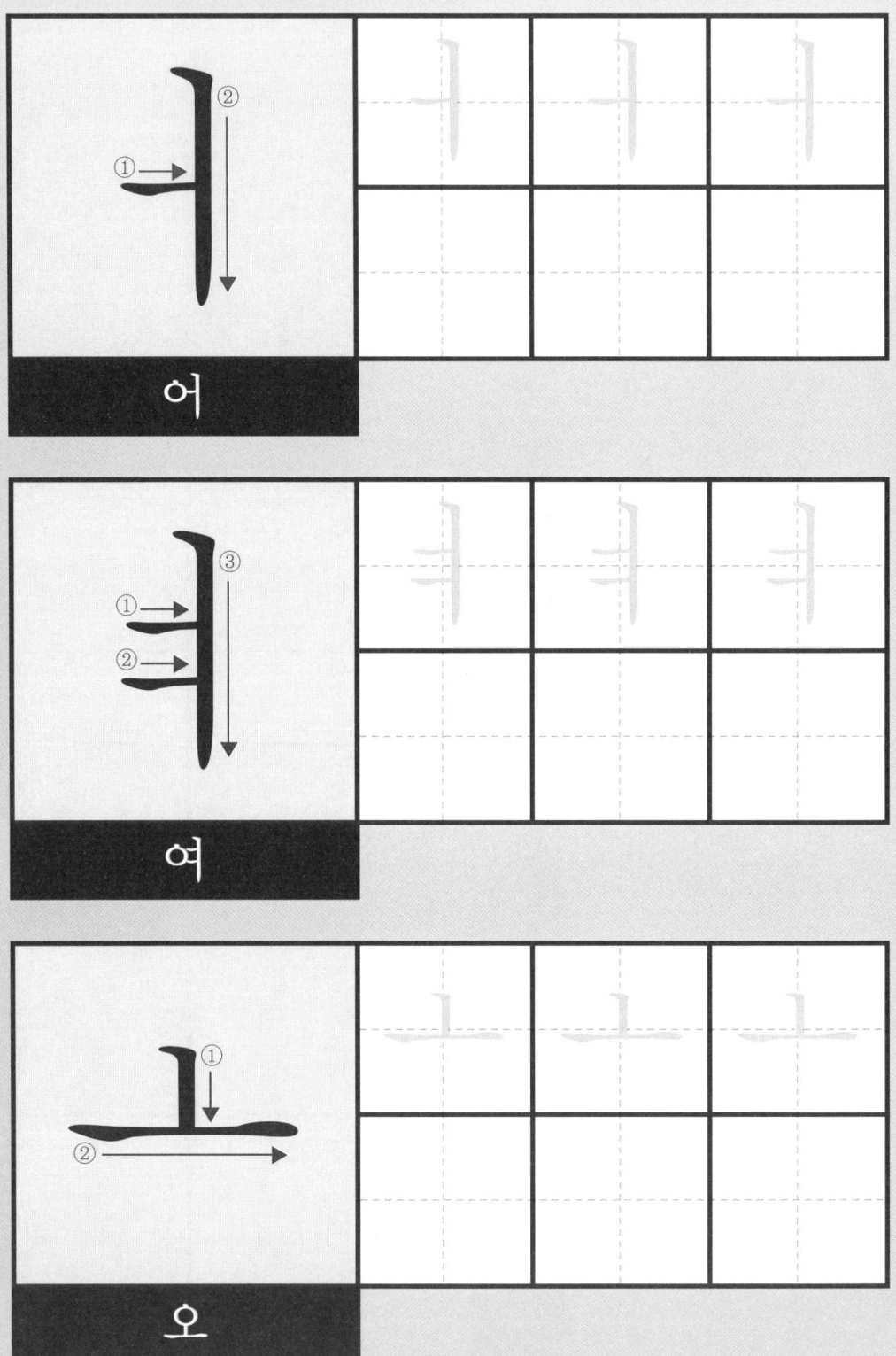

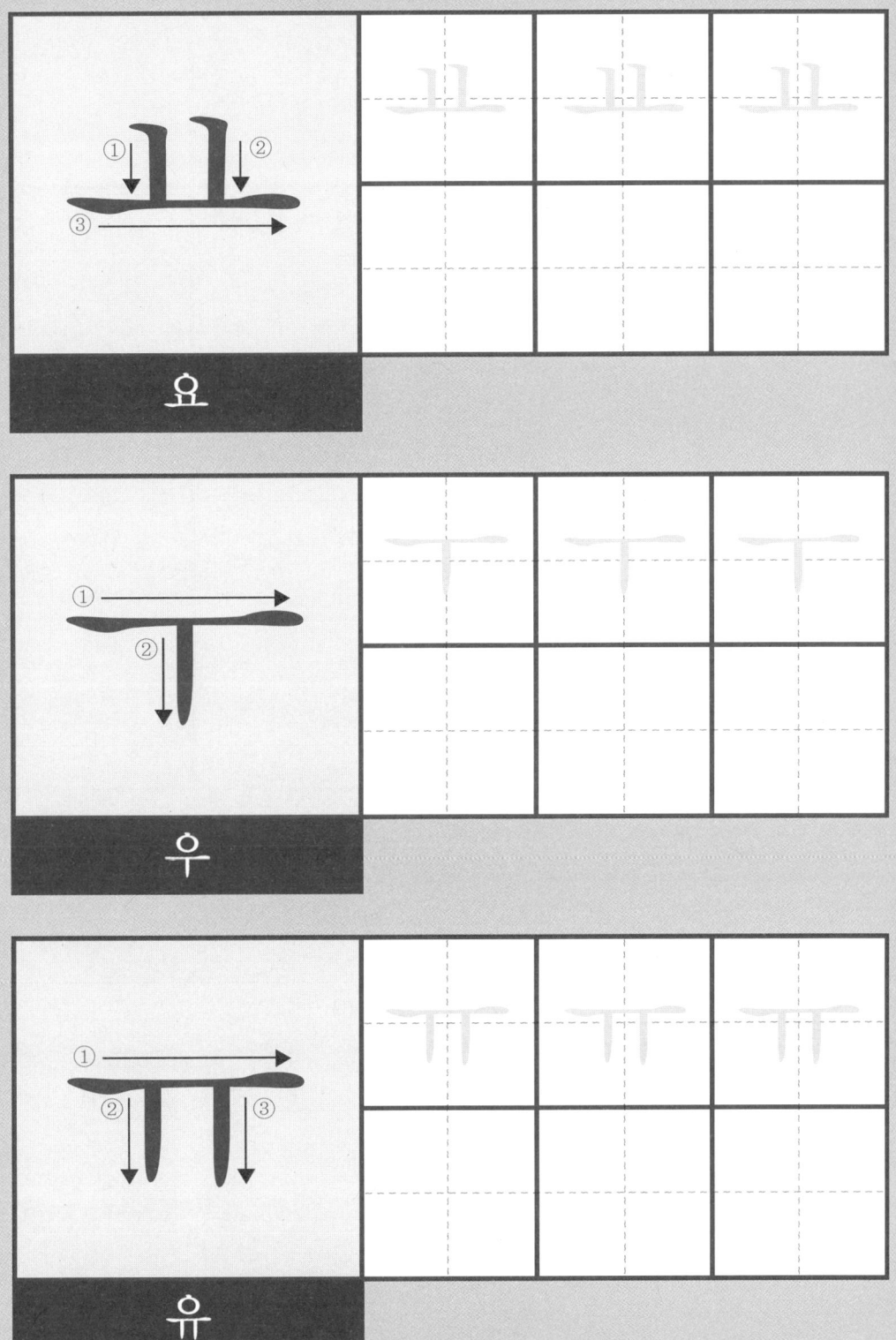

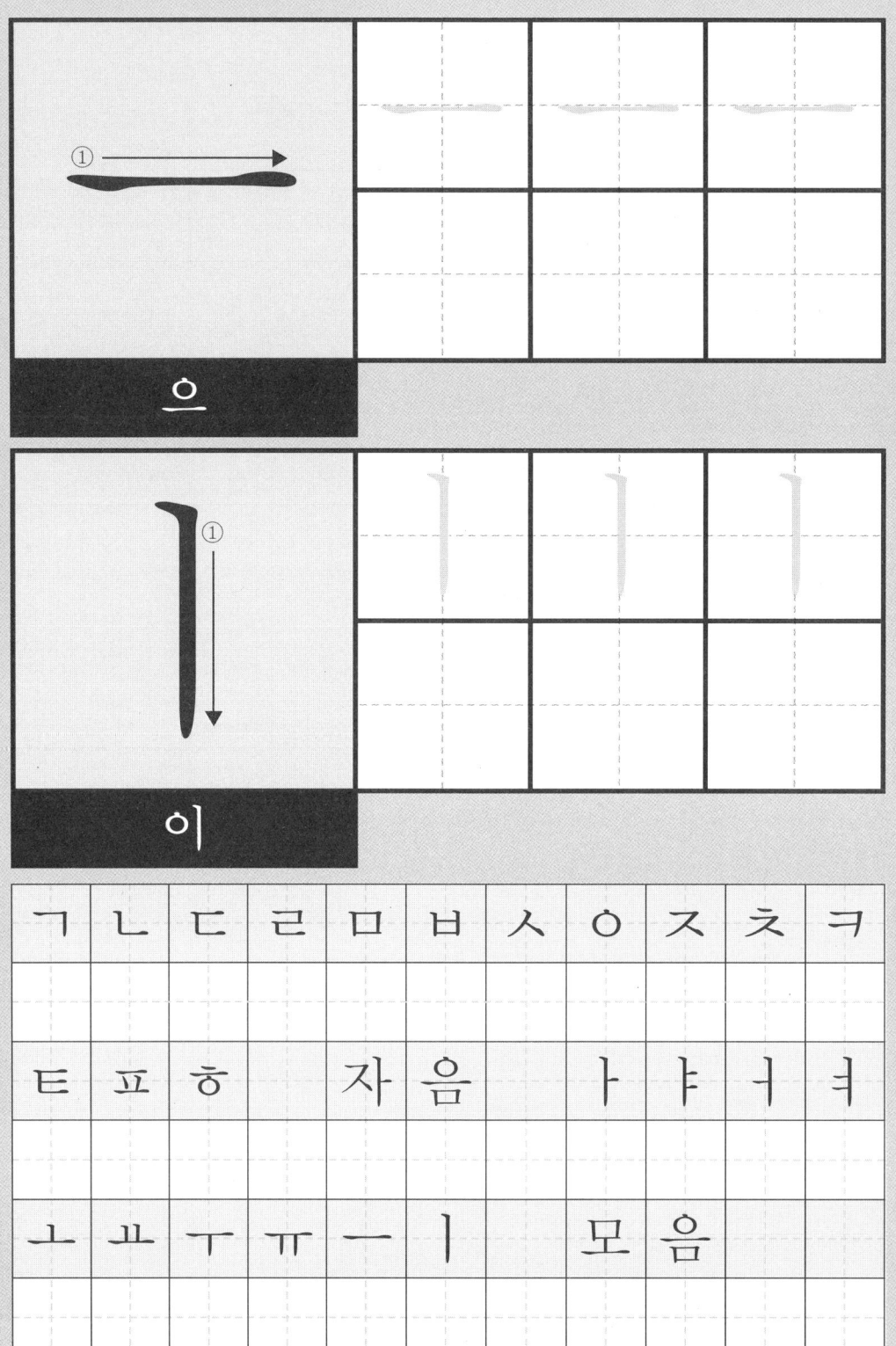

 자음자와 모음자를 합하여 써 봅시다

한글은 자음과 모음으로 이루어져 있어요.

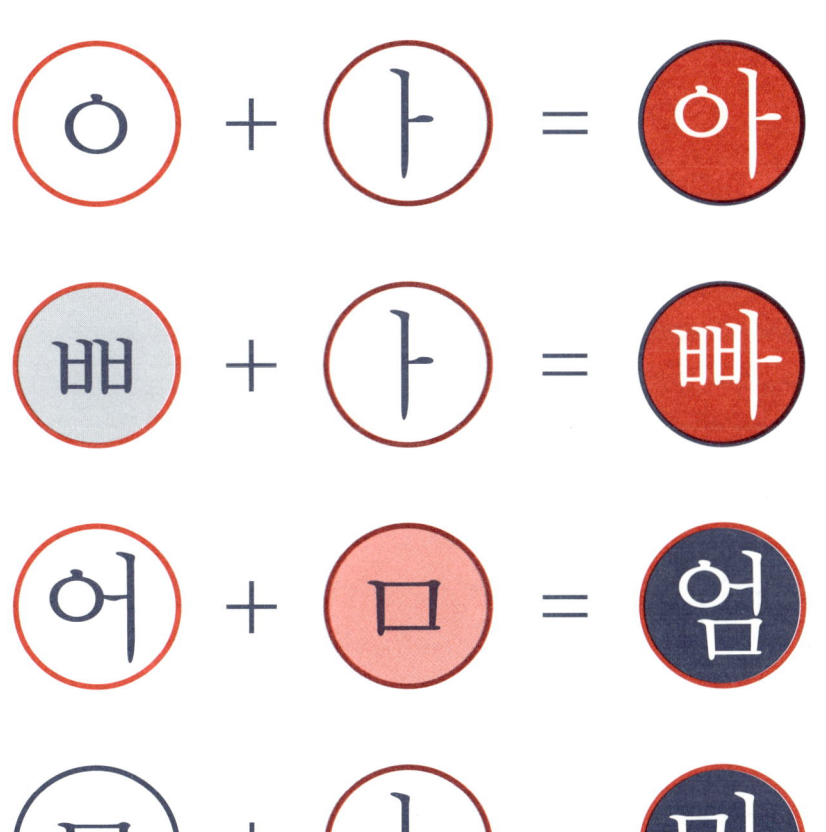

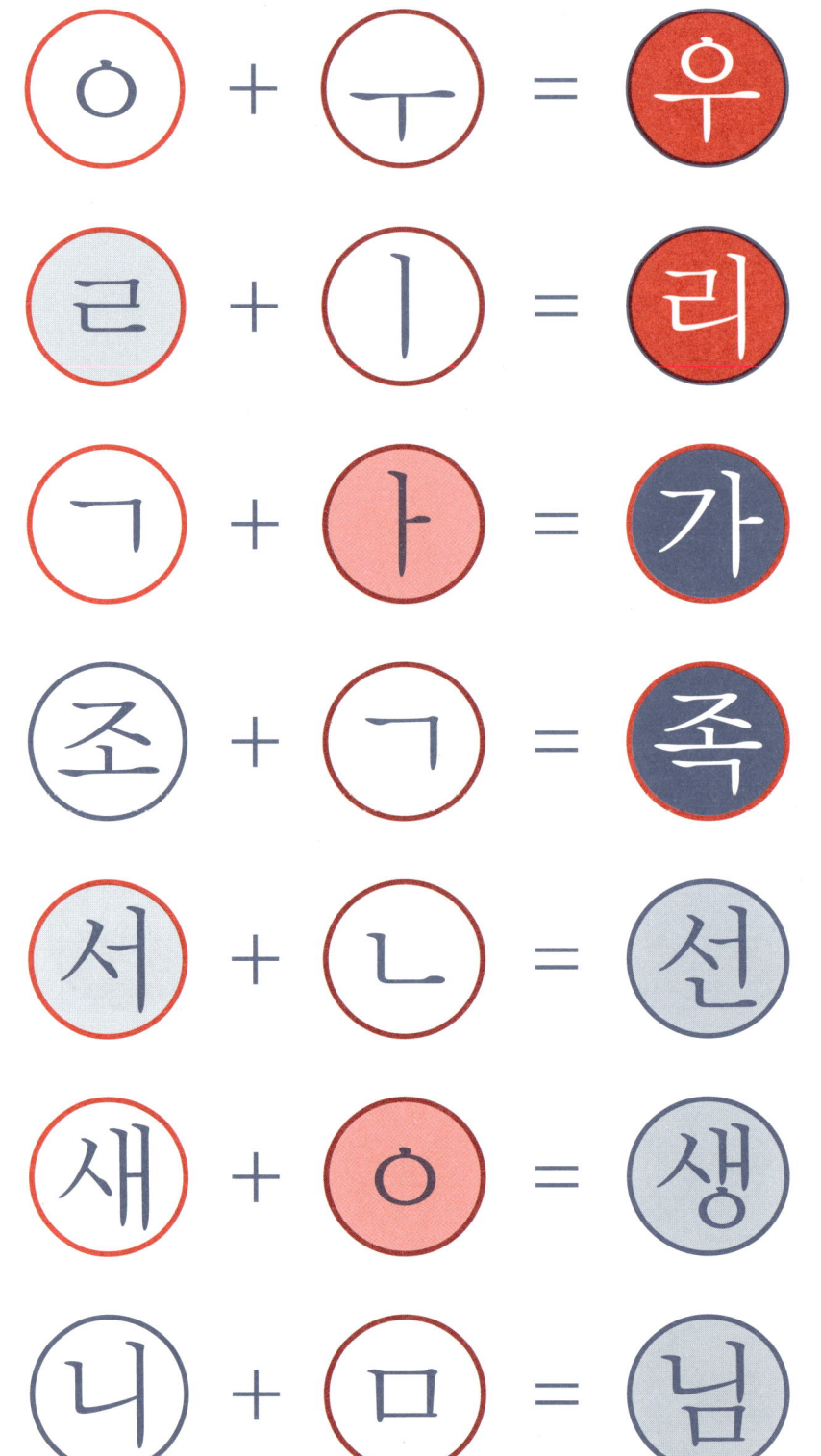

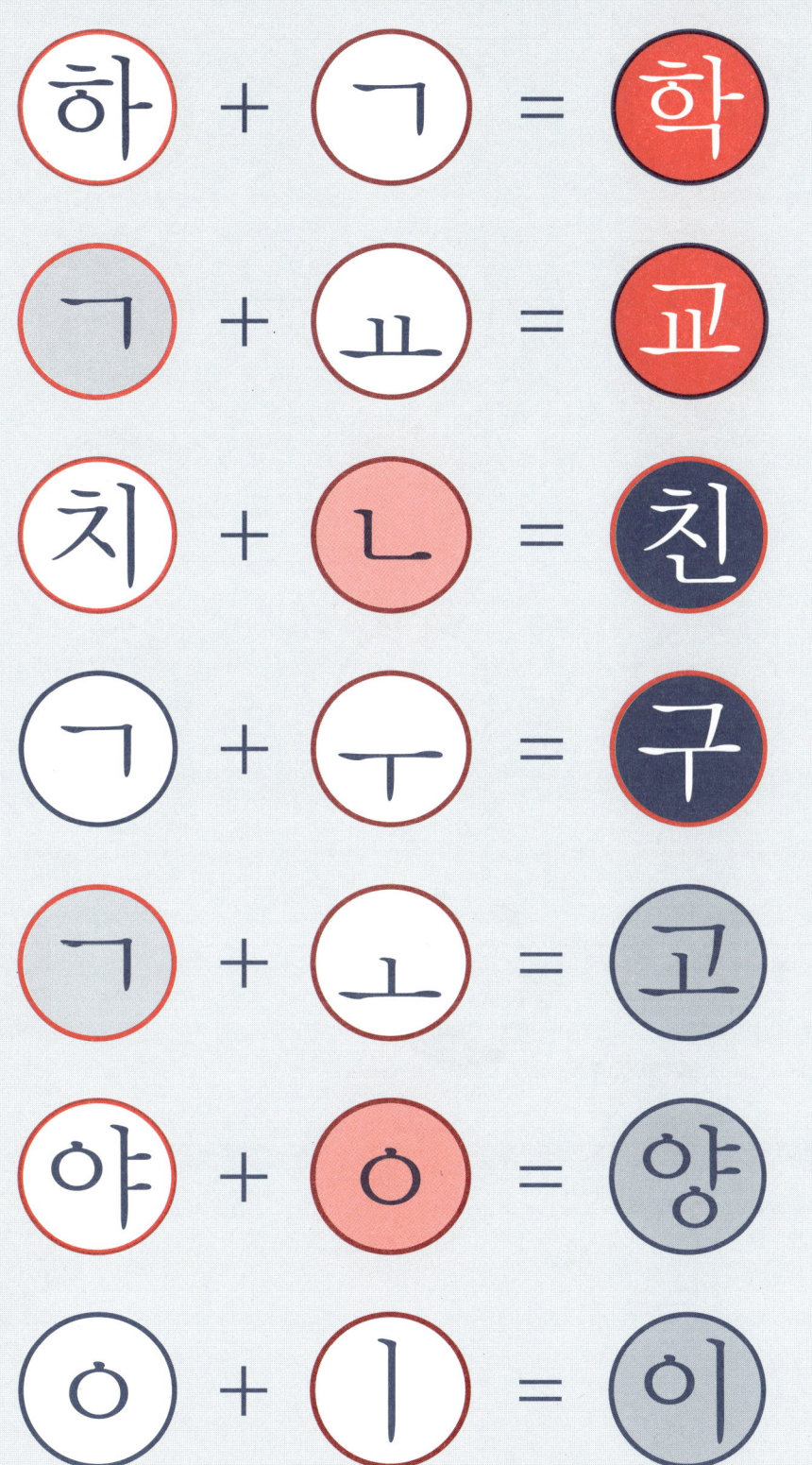

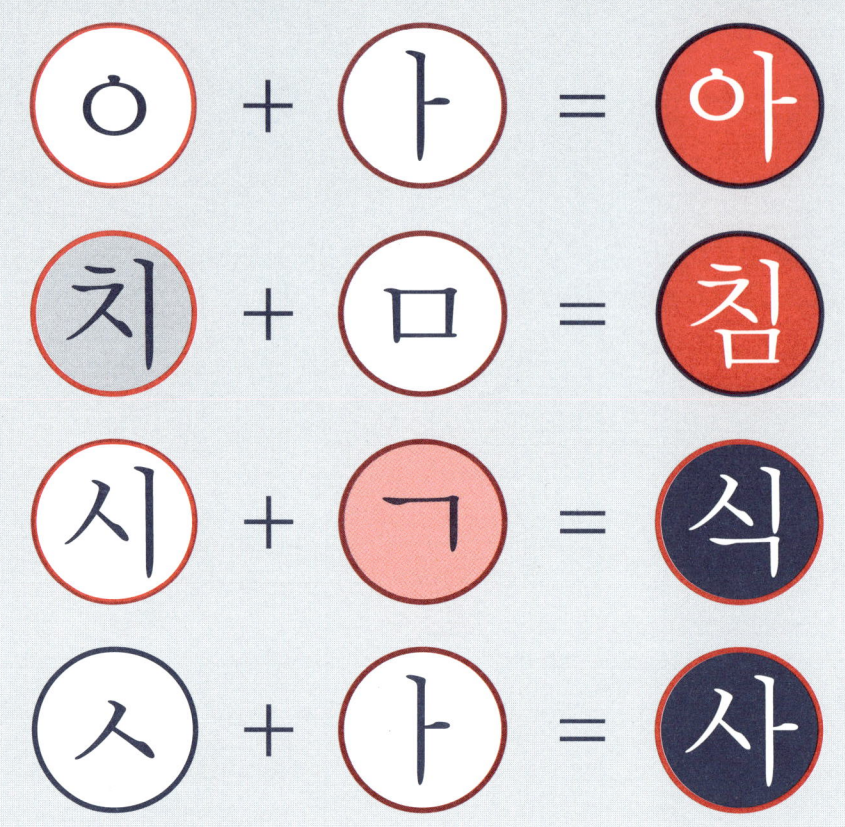

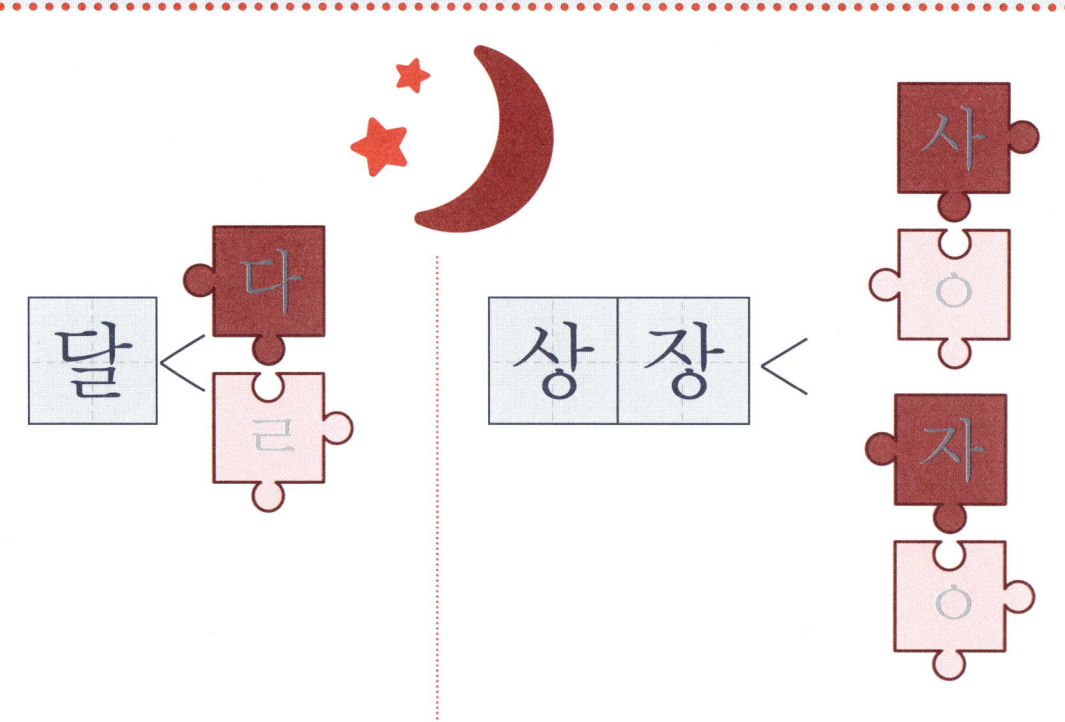

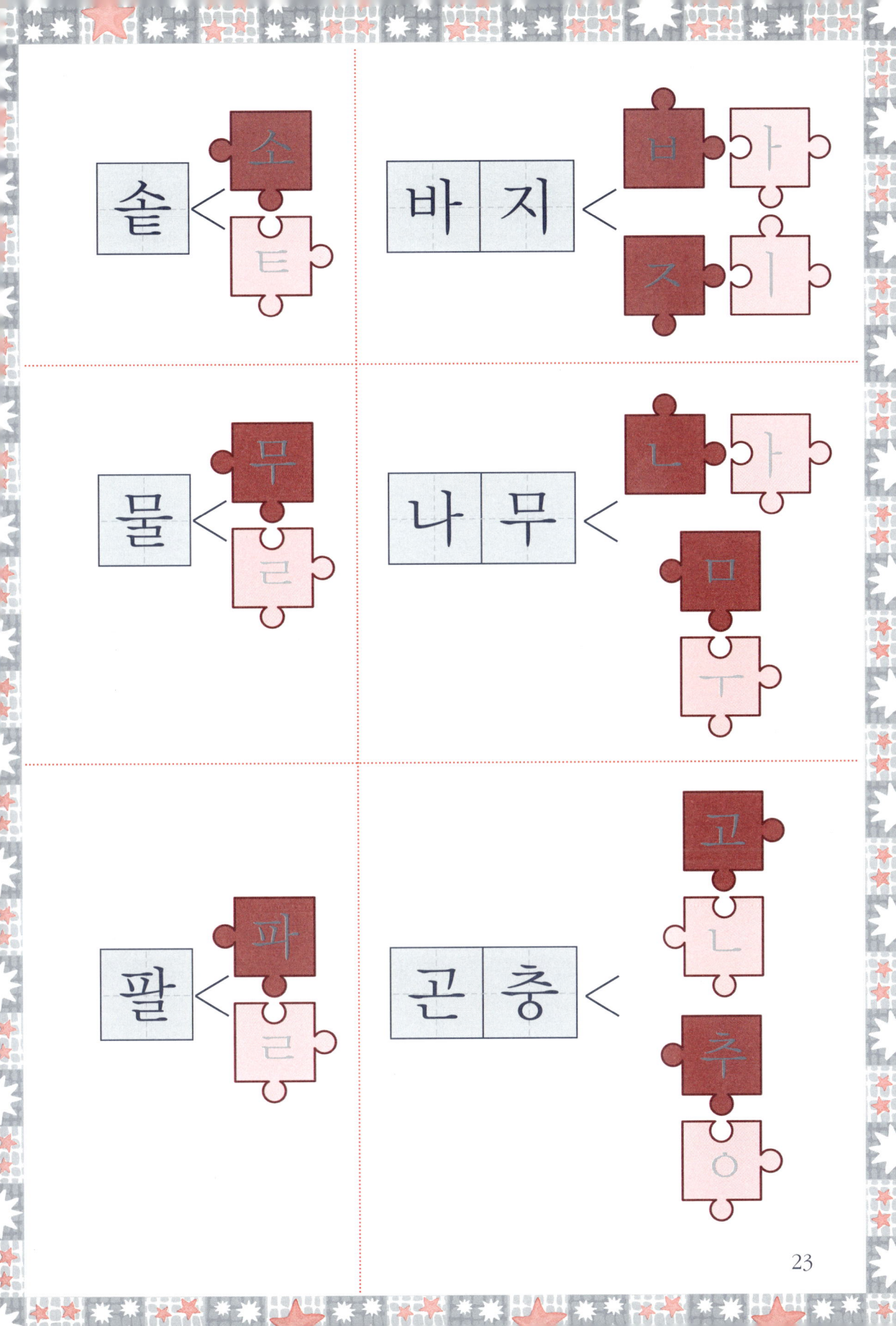

 글자의 모양을 바르게 써 봅시다

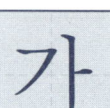
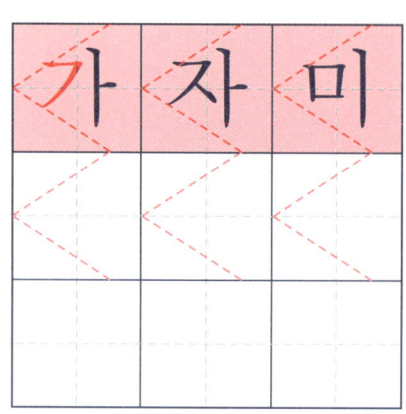

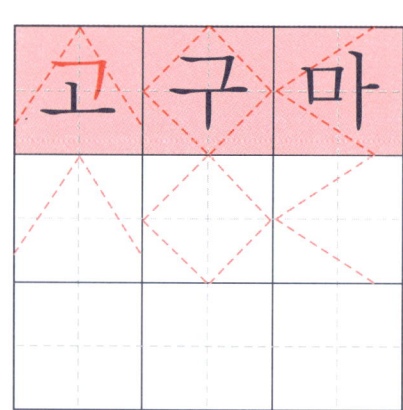
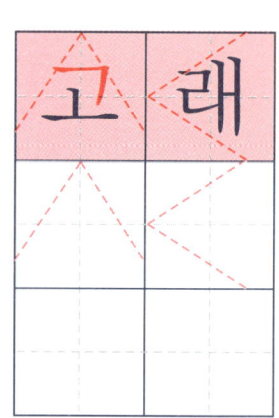

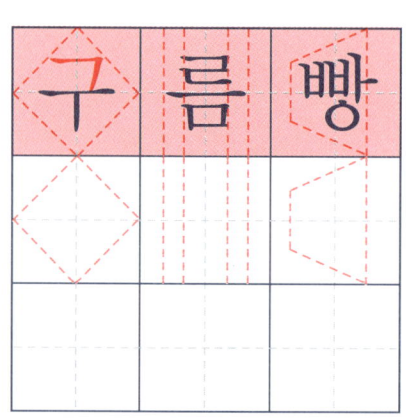
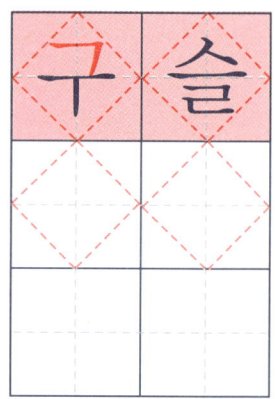

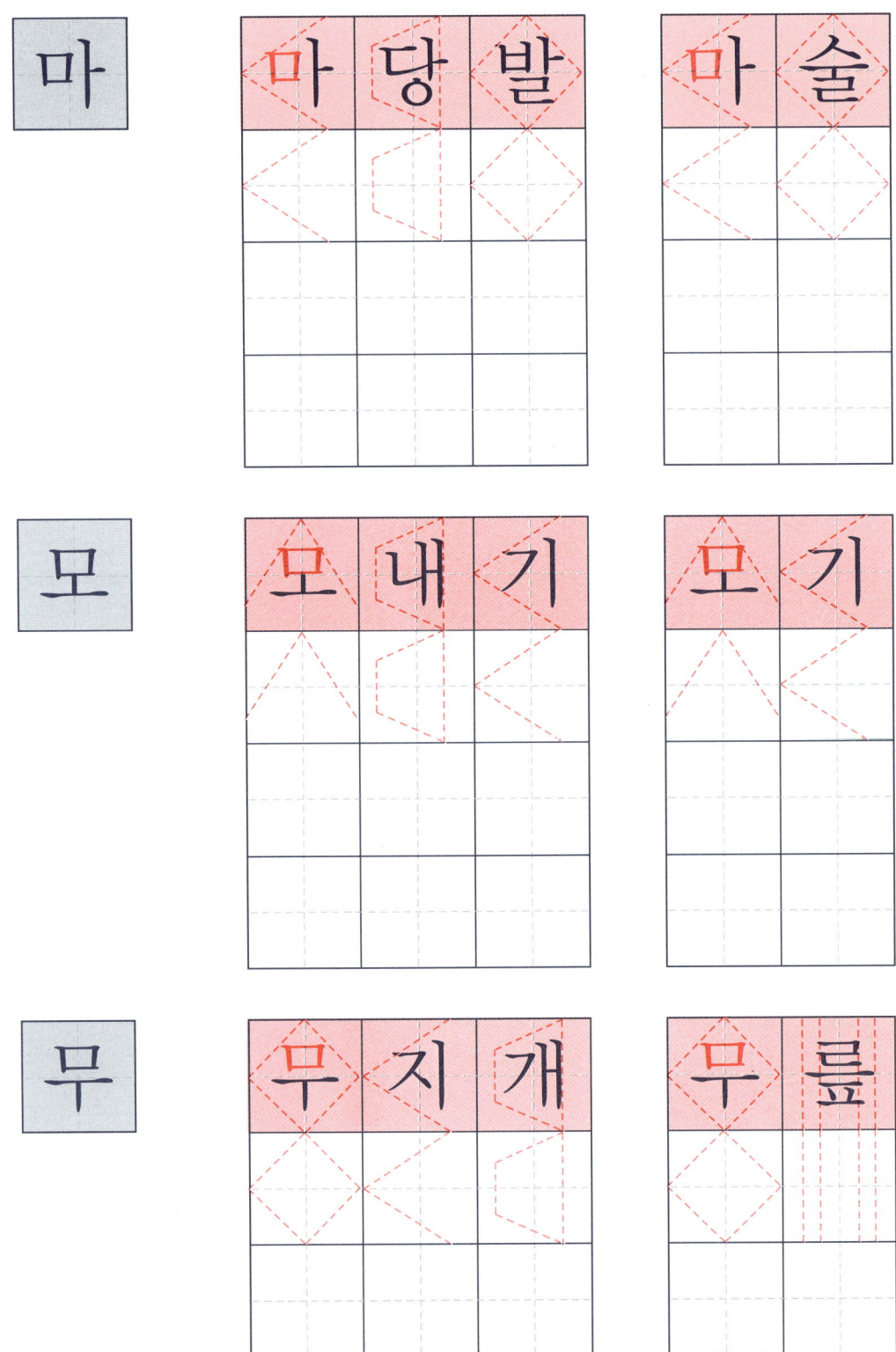

05 자음의 위치에 따라 글씨가 달라져요

자세하게 관찰한 후 낱말을 바르게 써 보세요.

가	갸		고	고		군	군
(○)	(×)		(○)	(×)		(○)	(×)

| 가 | 지 | | 고 | 추 | | 군 | 사 |

나	나		노	노		논	논
(○)	(×)		(○)	(×)		(○)	(×)

| 나 | 무 | | 노 | 래 | | 논 | 개 |

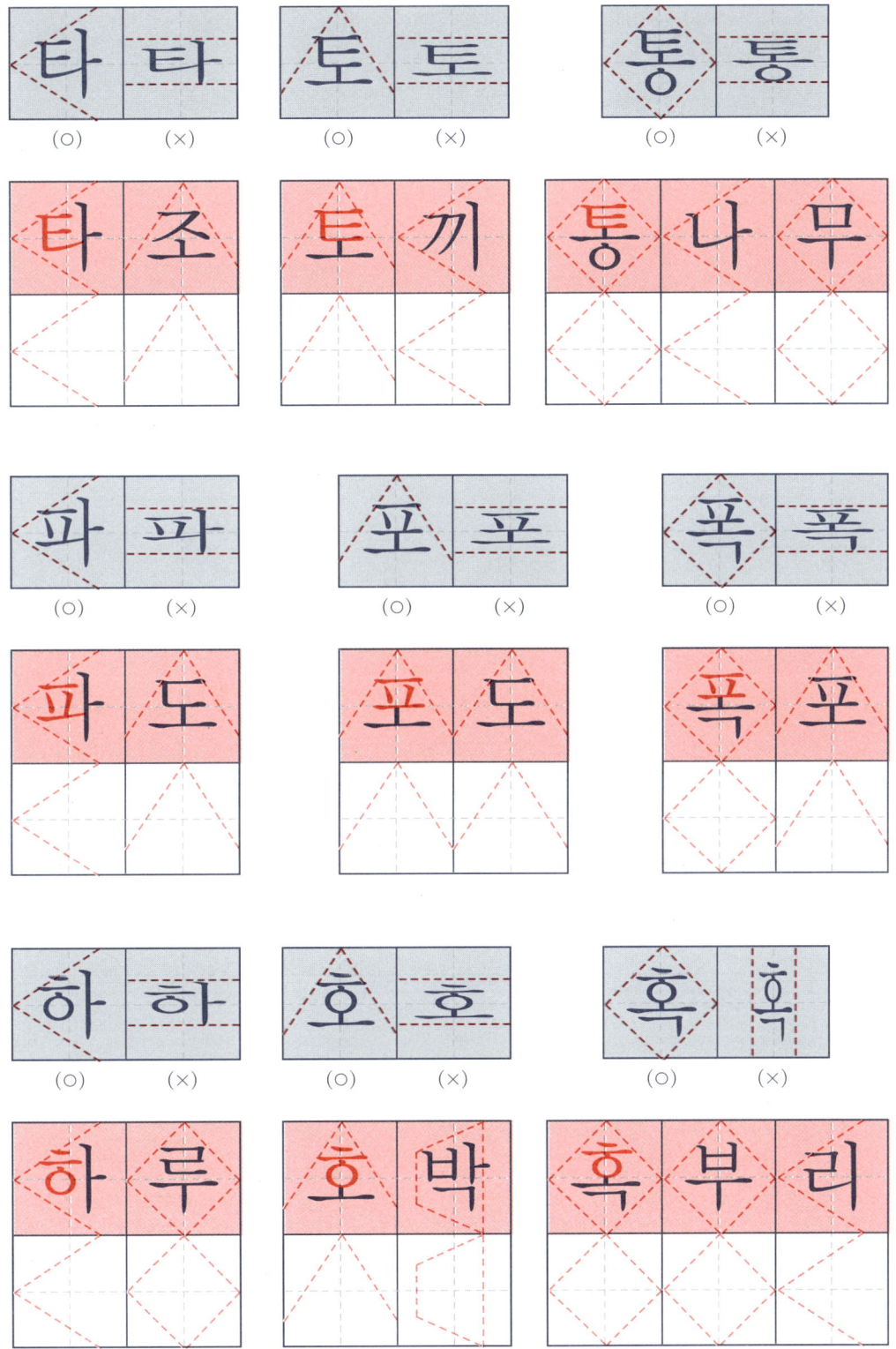

01 낱말을 익혀 봅시다

02 재미있는 낱말을 써 봅시다

기차는 칙칙폭폭 소리를 냅니다.

이야기를 도란도란 나누어요.

시원한 바람이 솔솔 불어요.

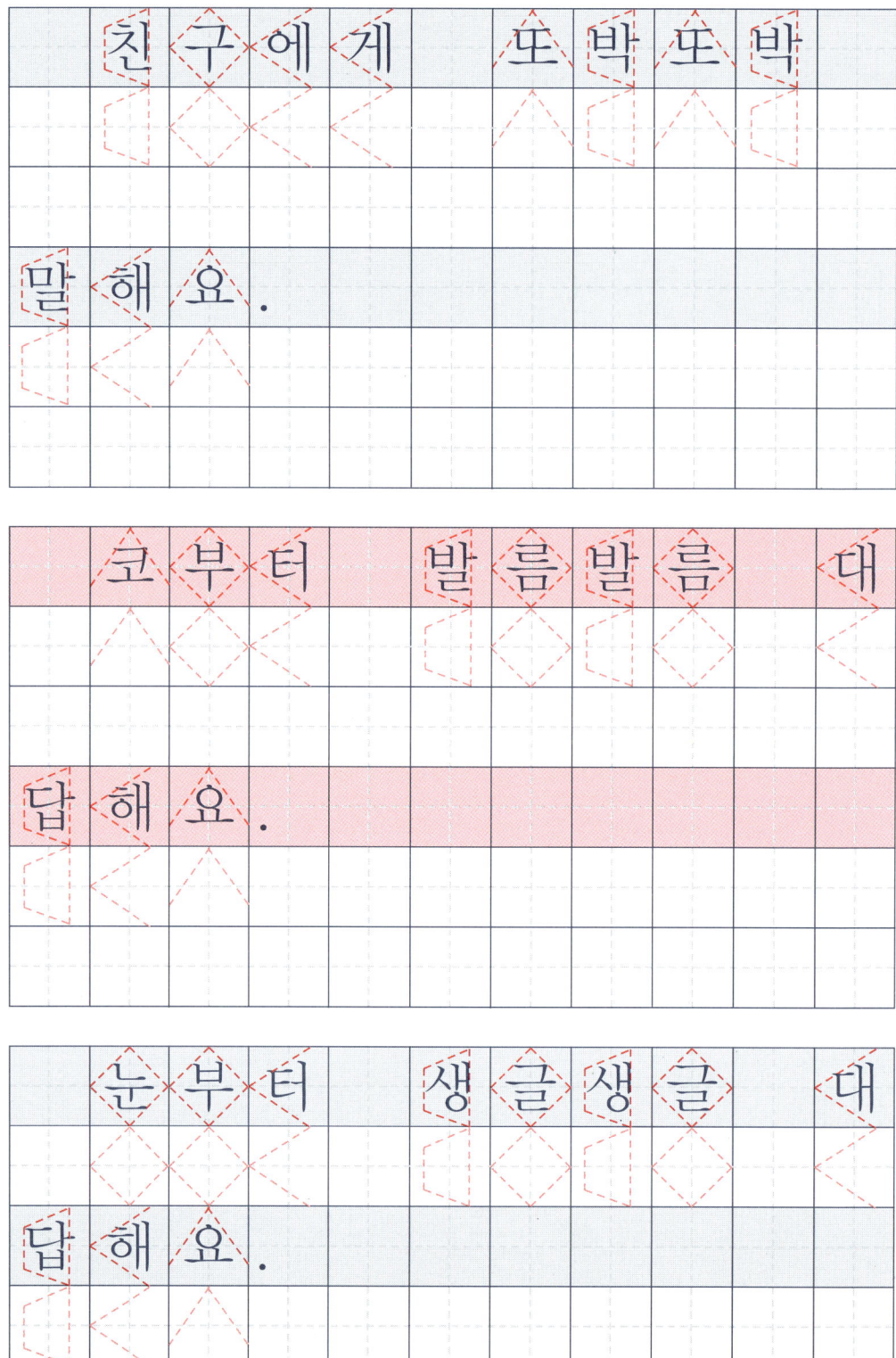

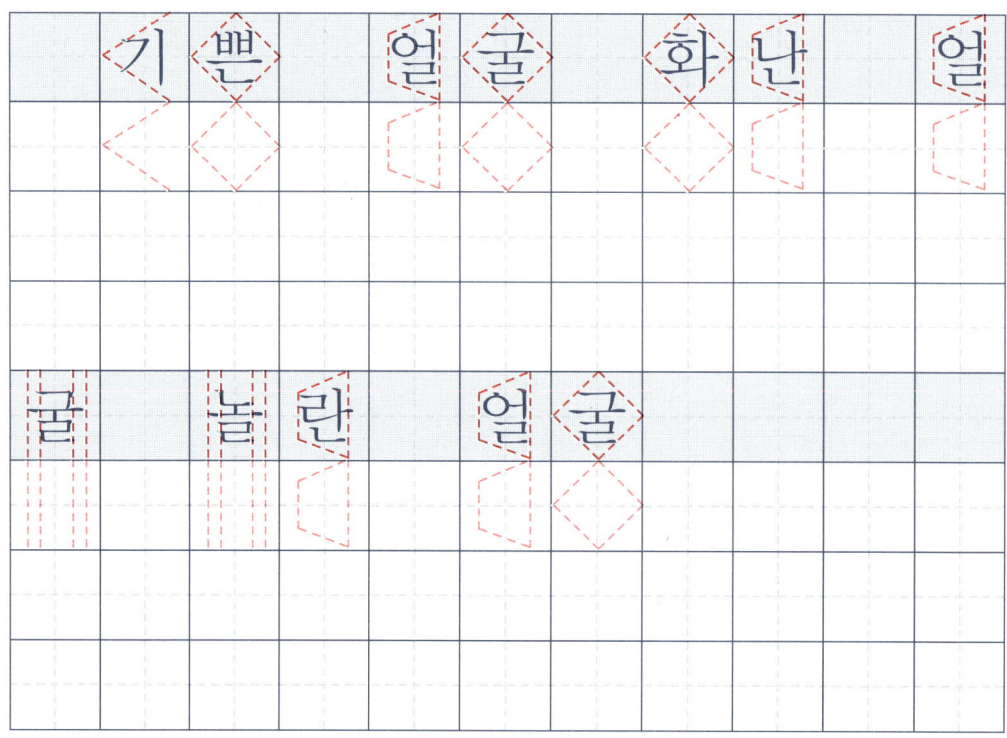

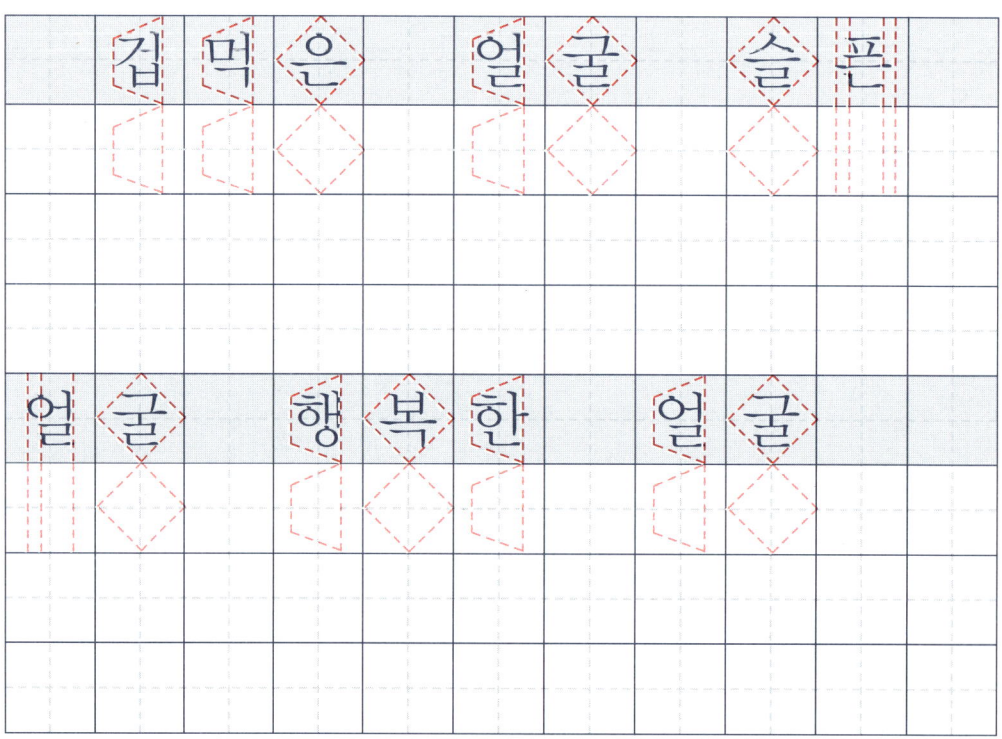

03 글씨를 바르게 쓰면서 받아쓰기 연습을 해 봅시다

우리 집 강아지 바둑이가 아파요.

동생이 내 책에 낙서를 하였어요.

재훈이가 김밥을 먹습니다.

토끼가 노래를 부릅니다.

원숭이가 피아노를 칩니다.

호랑이가 술래입니다.

곰이 나무 뒤에 숨었습니다.

공이 데굴데굴 굴러갑니다.

"애들아, 힘을 합칠까?"

바람개비는 바람이
있어야 돌아가.

민들레 씨앗이 조용
히 말했어요.

비가 세차게 쏟아지
는 날

힘이 센가 보다.

"아이코, 아이고!"

공차기를 하고 난

뒤 깨끗이 씻어요.

벌이 살며시 꽃에

앉아 꿀을 먹어요.

개구리가 폴짝폴짝 뜁니다.

오리가 첨벙첨벙 물장구를 칩니다.

나는 공놀이를 좋아해.

으악! 큰 곰이다!

엉엉! 큰 곰이 내 공을 가져갔어!

나는 너무너무 화났어!

앗! 큰 곰이 아기
곰을 데리고 온다!

아하! 다 같이 공
놀이!

선생님께서 칭찬해
주셨어요.

04 문장 부호를 바르게 써 봅시다

- 온점(.) : 설명하는 문장 끝에 쓴다.
- 물음표(?) : 묻는 문장 끝에 쓴다.
- 느낌표(!) : 느낌을 나타내는 문장 끝에 쓴다.
- 반점(,) : 부르는 말 뒤에 쓴다.
- 큰따옴표(" ") : 직접 대화를 표시하거나 남의 말을 인용할 때 쓴다.

.	?	!	,	"	"

	"	가	희	야	,	간	식	먹	었
니	?	"							

	"	네	.	맛	있	게		먹	었	어
요	.	"								

"맛있게 먹었다니 기쁘구나!"

"아버지께서 볶음밥을 해 주셨어요."

"우와! 정말 즐거웠겠다."

05 문장을 알맞게 띄어 읽는 방법을 알아봅시다

V와 Ⅴ는 띄어 읽기를 표시하는 기호예요.
V는 쐐기표라고 하고 Ⅴ는 겹쐐기표라고 해요.
쐐기표는 반점 뒤에 사용하며, 조금 쉬어 읽어요.
겹쐐기표는 온점, 느낌표, 물음표 뒤에 사용하며 쐐기보다 조금 더 쉬어 읽어요.

민지야,V 잘 있었니?Ⅴ

강아지 이름을 초롱이라고 지었구나.Ⅴ

참 예쁘다.Ⅴ

초롱이와 좋은 친구가 되었다니 기뻐.

초롱이도 너와 친구가 되어 좋아할 거야.

나도 초롱이가 보고 싶어.

초롱이와 함께 우리 집에 놀러 올래?

띄어 읽기를 표시하면서 읽어요.

아빠, 종이배를 만들었어요. 근사하죠?

혼자서 만들었어요.

동생이랑 물놀이를 할 때 사용할 거예요.

바람이 불면 더 재미있겠죠?

쉬어가기

우리 집 주소를 바르게 적어 봅시다

내가 다니는 학교나 유치원, 어린이집 주소를 바르게 적어 봅시다.

제3부
수수께끼로 익히는 한글

01 수수께끼를 풀면서 바르게 써 봅시다

① 가장 더러운 강은?

② 개 중에서 가장 아름다운 개는?

③ 걱정이 많은 사람이 오르는 산은?

④ 계절에 관계없이 피는 꽃은?

① 요강 ② 무지개 ③ 태산 ④ 웃음꽃

① 공중에서 사람들이
　 가장 좋아하는 공은?
② 귀는 귀인데 못 듣
　 는 귀는?
③ 누구나 즐겁게 웃으
　 며 읽는 글은?
④ 닭은 닭인데 먹지
　 못하는 닭은?

① 성공 ② 뼈다귀 ③ 싱글벙글 ④ 까닭

① 떡 중에 가장 빨리 먹는 떡은?

② 말은 말인데 타지 못하는 말은?

③ 먹으면 죽는데 안 먹을 수 없는 것은?

④ 목수도 고칠 수 없는 집은?

① 헐레벌떡 ② 거짓말 ③ 나이 ④ 고집

① 묵은 묵인데 먹지 못하는 묵은?

② 문은 문인데 닫지 못하는 문은?

③ 물고기 중에서 가장 학벌이 좋은 것은?

④ 발이 두 개 달린 소는?

① 침묵 ② 소문 ③ 고등어 ④ 이발소

① 병아리가 제일 잘

먹는 약은?

② 보내기 싫으면?

③ 사람이 평생 가장

많이 하는 소리는?

④ 물은 물인데 사람들

이 가장 좋아하는 물

은?

① 삐약 ② 가위나 바위를 냄 ③ 숨소리 ④ 선물

① 사람이 즐겨 먹는 피는?

② 세 사람만 탈 수 있는 차는?

③ 사람이 먹을 수 있는 제비는?

④ 사람들이 가장 싫어하는 거리는?

① 커피 ② 인삼차 ③ 수제비 ④ 걱정거리

① 세상에서 가장 추운 바다는?

② 세상에서 제일 큰 코는?

③ 아홉 명의 자식을 세 자로 줄이면?

④ 약은 약인데 아껴 먹어야 하는 약은?

① 썰렁해 ② 멕시코 ③ 아이구 ④ 절약

① 올림픽 경기에서 권
투를 잘하는 나라는?

② 진짜 문제투성이인
것은?

③ 진짜 새의 이름은?

④ 초등학생이 가장 좋
아하는 동네는?

① 칠레 ② 시험지 ③ 참새 ④ 방학동

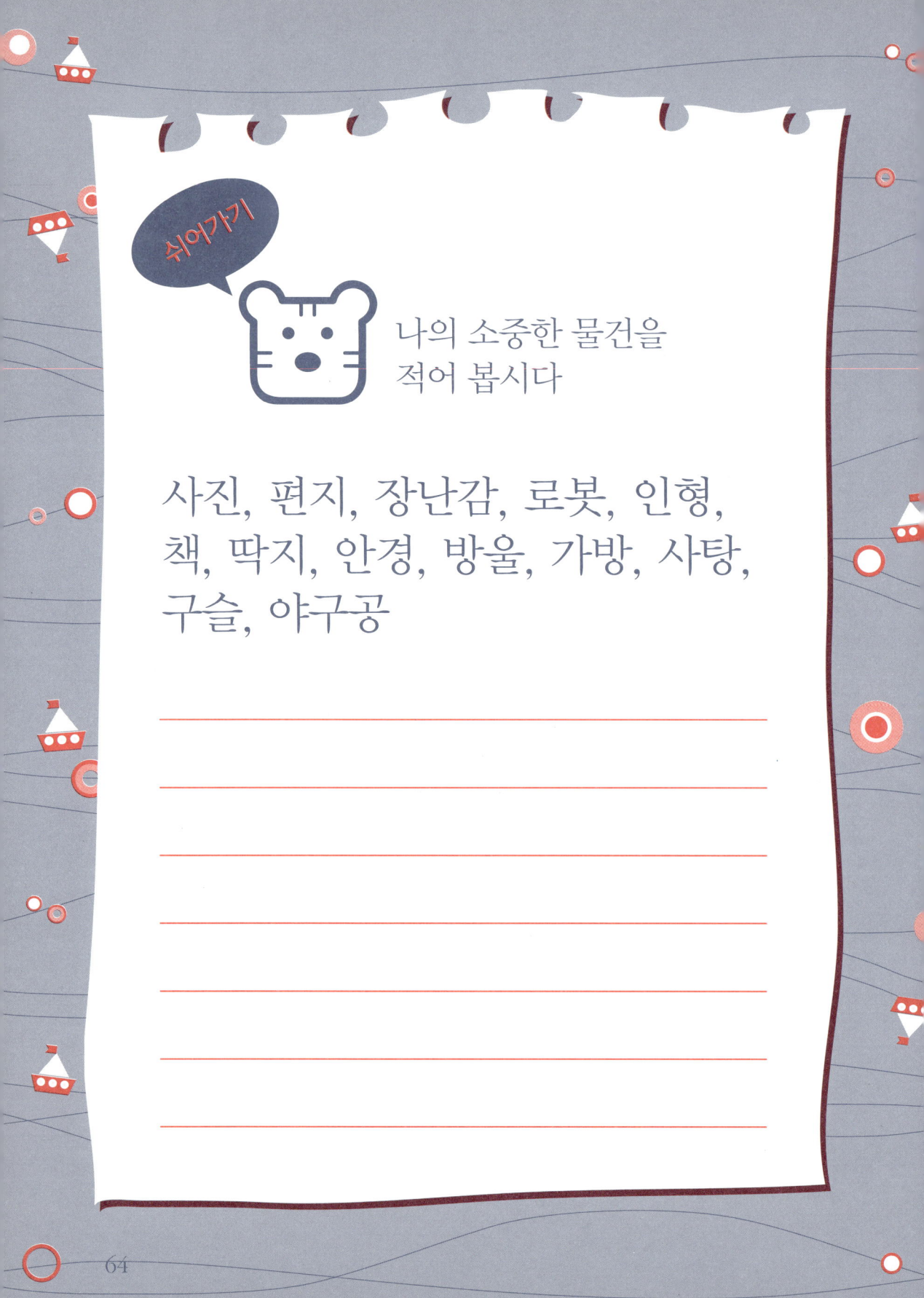

제4부

속담으로 익히는 한글

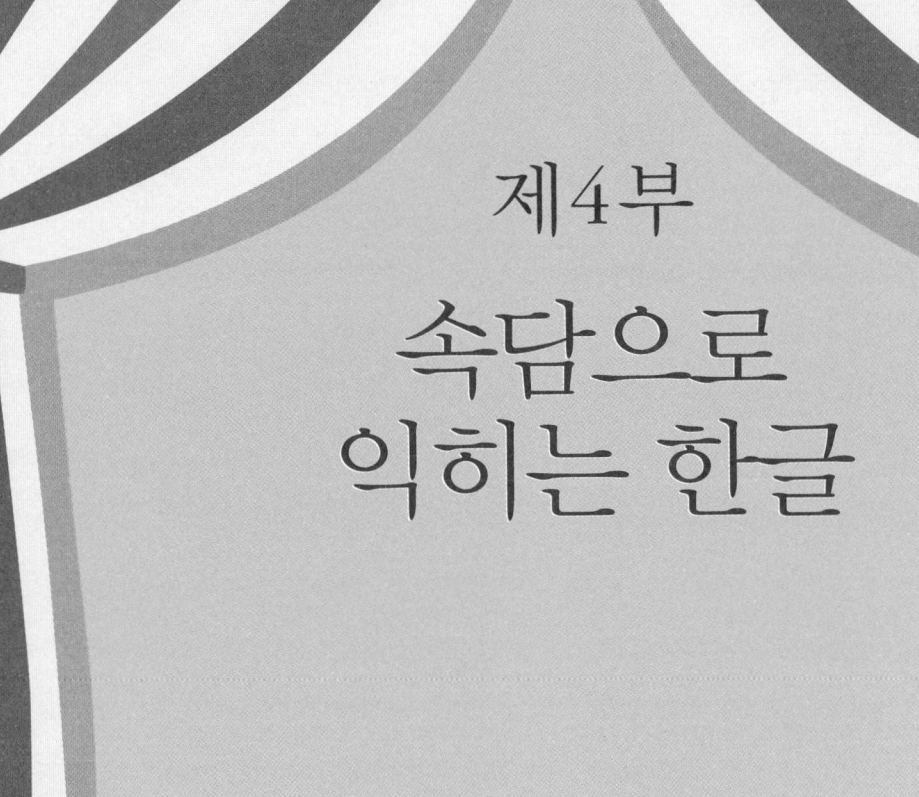

 속담을 익히며 바르게 써 봅시다

| 가 | 는 | | 날 | 이 | | 장 | 날 | 이 | 다 | . |

➜ 뜻하지 않은 일이 우연하게도 잘 들어맞았을 때 쓰는 말.

| 가 | 는 | | 말 | 이 | | 고 | 와 | 야 | | 오 |
| 는 | | 말 | 이 | | 곱 | 다 | . |

➜ 내가 남에게 좋게 해야 남도 내게 잘 한다는 말.

| 가 | 재 | 는 | | 게 | | 편 | 이 | 다 | . |

➜ 됨됨이나 형편이 비슷하고 인연 있는 것끼리 서로 편이 되어 어울리고 사정을 보아 줌을 이르는 말.

| 개 | 구 | 리 | | 올 | 챙 | 이 | | 적 | | 생 |
| 각 | 을 | | 못 | | 한 | 다 | . |

➜ 자기의 지위가 높아지면 전날의 미천하던 때의 생각을 못 한다는 뜻.

고래 싸움에 새우 등
터진다.

➜ 힘센 사람들끼리 서로 싸우는 통에 공연히 약한 사람이 그 사이에 끼여 아무 관계없이 해를 입을 때 쓰는 말.

구슬이 서 말이라도
꿰어야 보배다.

➜ 아무리 훌륭한 일이라도 완전히 끝을 맺어 놓아야 비로소 가치가 있다는 말.

금강산도 식후경

➜ 아무리 좋은 것, 재미있는 일이 있더라도 배가 부르고 난 뒤에야 좋은 줄 안다. 곧, 먹지 않고는 좋은 줄 모른다는 뜻.

뛰는 놈 위에 나는
놈 있다.

➜ 아무리 재주가 있다 하여도 그보다 나은 사람이 있는 것이니 너무 자랑하지 말라는 뜻.

까마귀 날자 배 떨어진다.

➜ 아무 관계없이 한 일이 공교롭게도 다른 일과 때를 같이하여 둘 사이에 무슨 관계라도 있는 듯한 의심을 받을 때 쓰는 말.

꿩 먹고 알 먹기.

➜ 한 가지 일을 하고 두 가지 이익을 볼 때 쓰는 말.

낮말은 새가 듣고 밤말은 쥐가 듣는다.

➜ 아무리 비밀리에 하는 말도 새어 나가기 쉬우니, 말을 항상 조심해서 하라는 뜻.

돌다리도 두들겨 보고 건너라.

➜ 아무리 잘 아는 일이라도 조심하여 실수 없게 하라는 뜻.

등잔 밑이 어둡다.

➜ 대상에서 가까이 있는 사람이 도리어 대상에 대하여 잘 알기 어렵다는 말.

땅 짚고 헤엄치기

➜ 땅을 짚고 헤엄치듯이 아주 쉽게 할 수 있는 일을 가리켜 하는 말.

말 한마디에 천 냥 빚도 갚는다.

➜ 말을 잘 하면 큰 빚도 갚을 수 있다는 말로, 말의 중요성을 나타낸 말.

바늘 도둑이 소 도둑 된다.

➜ 나쁜 행실일수록 점점 더 크고 심하게 되니 아예 나쁜 버릇은 길들이지 말라는 뜻.

병 주고 약 준다.

➜ 일이 안 되도록 방해하고는 도와주는 척한다는 뜻.

세 살 버릇 여든까지 간다.

➜ 어려서부터 좋은 버릇을 들여야 한다는 뜻.

수박 겉핥기

➜ 내용이나 참뜻은 모르면서 대충 일하는 것을 비유해서 쓰는 말.

식은 죽 먹기

➜ 어떤 일이 아주 하기 쉽다는 말.

아는 길도 물어 가라.

➜ 아무리 익숙한 일이라도 남에게 물어보고 조심함이 안전하다는 뜻.

원수는 외나무다리에서 만난다.

➜ 남에게 악한 일을 하면 그 죄를 받을 때가 반드시 온다는 뜻.

윗물이 맑아야 아랫물도 맑다.

➜ 윗사람이 잘못하면 아랫사람도 따라서 잘못하게 된다는 뜻.

좋은 약은 입에 쓰다.

➜ 듣기 싫고 귀에 거슬리는 말이라도 제 인격 수양에는 이롭다는 뜻.

쥐구멍에도 볕 들 날 있다.

➜ 몹시 고생을 하는 삶도 좋은 운수가 터져 좋은 시기를 만날 때가 있다는 말.

하룻강아지 범 무서운 줄 모른다.

➜ 아직 철이 없어서 아무 것도 모르는 것을 두고 하는 말.

쉬어가기

사계절과 자연에서 볼 수 있는 것을 적어 봅시다

봄, 여름, 가을, 겨울, 나무, 풀, 무당벌레, 단풍, 낙엽, 눈, 숲, 돌멩이, 시냇물, 개나리, 진달래, 산, 바다, 강, 논, 밭

제5부
원고지 사용법과 일기 쓰기

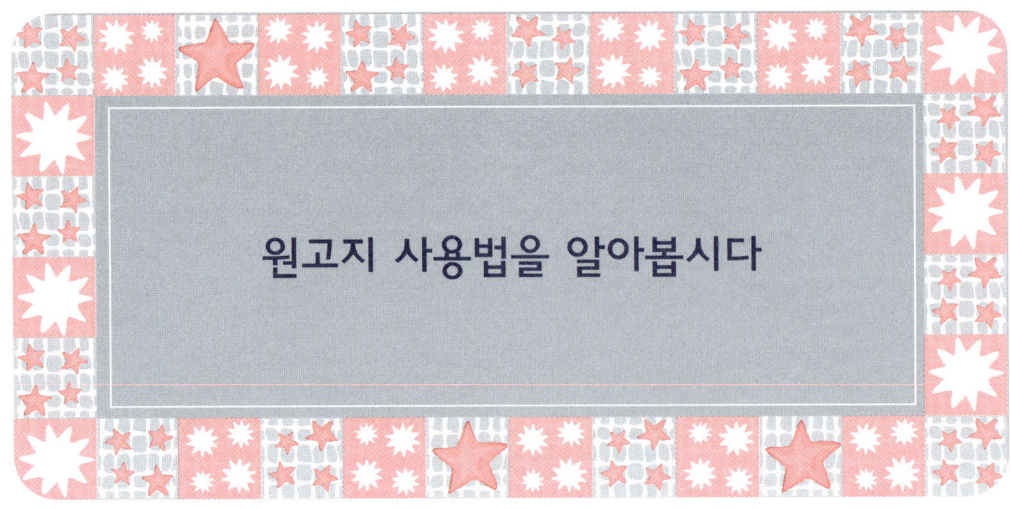

원고지 사용법을 알아봅시다

　원고지에 글을 써 본 경험이 있는 친구도 있고, 처음 접하는 친구도 있을 거예요.

　원고지는 원고를 쓰기 편리하게 만든 종이를 말하는 데 보통 한 장에 200자를 쓰도록 되어 있지만 쓰임새에 따라시 논술용 원고지는 1,000자나 1,500자를 쓸 수 있는 것도 있어요.

　원고지에 글을 쓰면 쓰는 사람의 글자 크기 등에 관계없이 원고의 양을 일정하게 알 수 있어서 아주 편리해요.

　원고지는 원칙적으로 한 칸에 한 자씩 써요. 문장 부호도 한 칸에 한 자씩 쓰지만 말줄임표는 두 칸을 사용해요. 하지만 참 이상한 것은 원고지에 글을 쓸 때마다 알고 있던 것들이 혼동이 된다는 거예요. 제목을 어디에 써야 하는지, 문장 부호 다음에는 몇 칸을 띄어야 하는지, 글이 마지막 칸에서 끝나면 어떻게 해야 하는지…….

　이번 기회에 원고지 사용법을 확실하게 익혀서 내가 쓴 글을 원고지에 제대로 옮겨 보도록 해요!

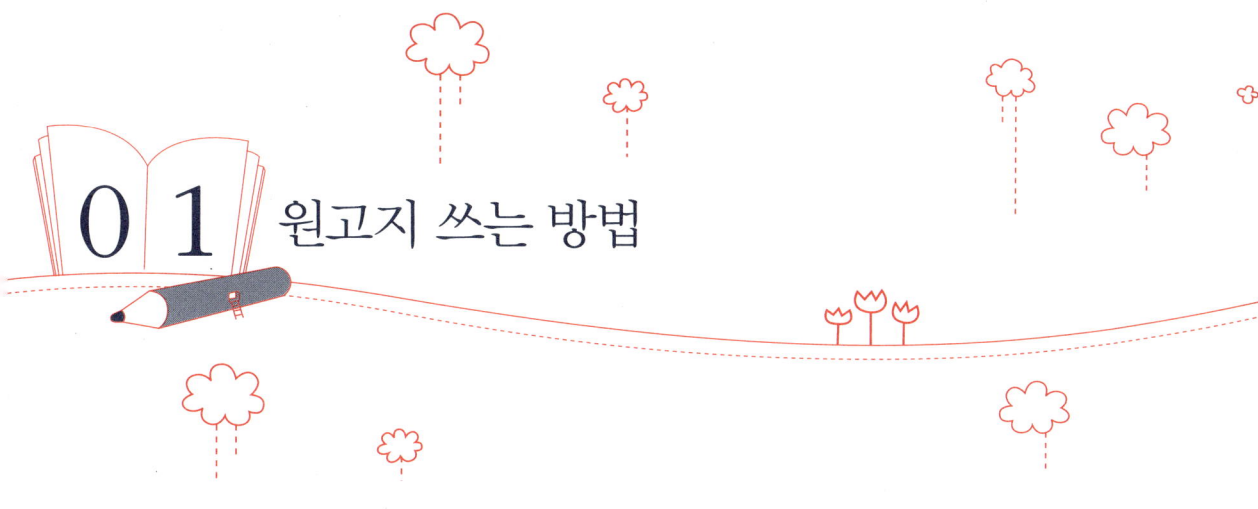

01 원고지 쓰는 방법

★ 제목

제목은 원고지 첫째 줄은 비우고 두 번째 줄 가운데에 써요. 좌우 빈칸이 같도록 하는 게 중요하지요. 하지만 홀수로 칸이 남았을 때는 앞보다는 뒤를 한 칸 더 남도록 하는 게 보기에 좋아요.

				네	티	켓	을		지	키	자				

★ 학교나 소속

제목 바로 아래, 그러니까 셋째 줄은 비우고 넷째 줄에 학교나 소속을 적으면 되는 데 맨 뒤에서 두 칸을 비우고 써요.

				네	티	켓	을		지	키	자				
				○	○	○	학	교		○	학	년		○	반

★ 학년, 반, 이름

학교나 소속 바로 아래줄에 맨 뒤 두 칸을 비우고 써요. 성과 이름은 띄우지 않지만 한 글자 이름이나 성이 두 글자일 때는 성과 이름을 띄우고 써요.

★ 글의 첫 문장

글의 첫 문장은 학년, 반, 이름 아래 한 줄을 비우고 그 다음 줄의 첫 칸도 비운 다음 둘째 칸부터 쓰면 돼요.

★ 띄어쓰기

띄어쓰기를 할 때에는 한 칸을 비우고 계속 써 나가면 돼요. 띄어쓰기 칸이 왼쪽 칸 맨 처음이 될 때는 띄지 않고 바로 쓰는데 바로 윗줄의 오른쪽 끝의 여백에 띔표(∨)를 하면 돼요.

❶ 반점이나 온점을 찍을 때는 바로 그 다음 칸부터 쓴다.

| 다 | 음 | 날 | , | 나 | 는 | | 학 | 교 | 로 | | 갔 | 다 | . | 그 | 리 | 고 | | 친 |
| 구 | 를 | | 만 | 났 | 다 | . | | | | | | | | | | | | |

❷ 물음표나 느낌표 다음에는 한 칸 비우고 쓴다.

| 꽃 | 이 | | 참 | | 아 | 름 | 답 | 구 | 나 | ! | | 이 | | 꽃 | | 이 | 름 | 이 | ∨ |
| 무 | 엇 | 일 | 까 | ? | | 철 | 수 | 는 | | 궁 | 금 | 했 | 습 | 니 | 다 | . | | | |

❸ 띄어 써야 할 경우라도 문단이 시작되는 경우가 아니면 첫 칸을 비워 두지 않는다. 그럴 때는 띄어야 할 곳(원고지 끝)에 띔표(∨)를 한다.

| 영 | 희 | 와 | | 나 | 는 | | 줄 | 넘 | 기 | 를 | | 하 | 다 | 가 | | 집 | 으 | 로 | ∨ |
| 돌 | 아 | 왔 | 습 | 니 | 다 | . | | | | | | | | | | | | | |

❹ 문장의 끝이 원고지 맨 마지막 칸에 올 때는 끝 글자와 온점을 같은 칸에 쓰거나 오른쪽 여백에 써도 된다.

| 나 | 는 | | 돌 | 아 | 오 | 는 | | 길 | 에 | 서 | | 철 | 수 | 를 | | 만 | 났 | 다. |
| 나 | 는 | | 돌 | 아 | 오 | 는 | | 길 | 에 | 서 | | 철 | 수 | 를 | | 만 | 났 | 다 | . |

❺ 원고지 오른쪽 끝 칸에서 문장이 끝나고 ? ! " " ' '의 문장 부호를 사용해야 할 때는 다음 줄 첫 칸에 쓴다는 것을 꼭 기억한다.

| | 착 | 한 | | 철 | 수 | 가 | | 어 | 쩌 | 다 | | 저 | 렇 | 게 | | 되 | 었 | 을 | 까 |
| ? | | 철 | 수 | 가 | | 다 | 른 | | 사 | 람 | 을 | | 괴 | 롭 | 히 | 다 | 니 | . | |

되었을까?' ➡ 다음의 경우는 작은따옴표가 있기 때문에 첫 칸을 모두 비우고 써야 하고, 큰따옴표도 같으니 꼭 기억한다.

| | ' 우 | 리 | | 철 | 수 | | 어 | 쩌 | 다 | | 저 | 렇 | 게 | | 되 | 었 | 을 | 까 |
| | ? ' | | | | | | | | | | | | | | | | | |

| | " 우 | 리 | 들 | 은 | | 언 | 제 | | 졸 | 업 | | 여 | 행 | 을 | | 갑 | 니 | 까 |
| | ? " | | | | | | | | | | | | | | | | | |

★ 줄글 쓰기

줄글은 이름을 쓴 줄의 다음 줄을 비우고 일곱째 줄부터 쓰는데 처음 한 칸을 비우고 써요. 그리고 문단이 바뀌면 처음 한 칸을 비우고 쓰는 방식을 계속하면 돼요.

```
                네티켓을   지키자

               ○○○학교  ○학년  ○반
                                홍길동

   지금  우리는  인터넷  없는  세상을  상
상할  수가  없다. 우리는  아침부터  잠자
리에  들  때까지  인터넷에  노출되어  있
는  생활을  하고  있다. 인터넷은  지식
```

```
창고이자  경제  수단, 소통의  수단이  되
었기  때문이다. 이와  같이  인터넷은  우
리의  생활을  뒷받침하는  큰  무대라고
할  수  있다.
   인터넷  즉, 사이버  공간은  많은  사람
들이  사용하고  있는  공간이다. 따라서
```

★ 문장 부호 쓰기

느낌표(!)나 물음표(?)는 글자와 마찬가지로 한 칸에 쓰고 이어지는 글은 띄어쓰기를 해요. 온점(.)이나 반점(,)은 한 칸에 쓰는데 이어지는 글은 한 칸을 띄지 않고 다음 칸에 바로 글자를 써요.

❶ 온점(.)과 반점(,)은 아래와 같이 왼쪽 아래에 쓴다.

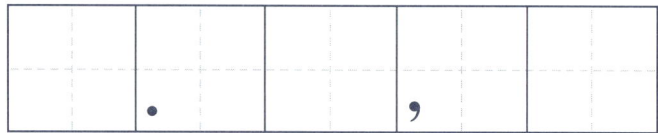

❷ 물음표와 느낌표는 한가운데 쓴다.

❸ 따옴표(" ")는 다음과 같이 두 가지 경우로 쓴다.

> * 참고
> 대화 글이 온점으로 끝날 때는 온점과 같은 칸 오른쪽 위에 쓴다.
> 대화 글이 물음표나 느낌표로 끝날 때는 다음 칸 위에 쓴다.

❹ 말줄임표(……)는 점을 6개 찍되, 한 칸에 3개씩 두 칸에 나눠서 쓰고 반드시 문장이 끝났다는 온점(.)을 다음과 같이 찍는다.

	여	행	을		가	지		않	았	으	면	…	….					

★ 인용문이나 대화문

보통 큰따옴표와 작은따옴표를 쓰는 문장으로 전체를 한 칸 들여 써야 해요. 아무리 짧은 문장이라도 이어 쓰지 않고 꼭 줄을 바꾸어 쓴다는 것을 기억하세요.

대화 글이 계속 이어지면 끝날 때까지 앞의 한 칸을 비우고 쓰고, 대화 글이 바탕글과 이어지는 경우에는 첫 칸을 비우지 않고 써요.

	"	철	수	야		잘		지	냈	니	?	"						
	"	응	,	영	희		너	도		잘		지	냈	어	?	"		
	"	만	나	서		정	말		반	갑	다	.	"					

	"	언	제		그 런		말	을		한		적	이		있	니	?	"
라	고		영	희	가		말	했	어	요	.							

★ 숫자와 알파벳 쓰기

로마 숫자, 한 자로 된 아라비아 숫자, 알파벳 대문자는 한 칸에 한 글자씩 쓰고, 두 자 이상의 숫자나 알파벳 소문자는 한 칸에 두 자씩 써요.

Ⅰ	Ⅱ	Ⅲ	Ⅳ	Ⅴ	Ⅵ	Ⅶ	Ⅷ	Ⅸ	Ⅹ								
3	월		1	일													
A	P	P	L	E													
20	20	년		12	월		25	일									
My		na	me		is		Mi	na									

★ 동시, 시조 쓰기

동시나 시조를 쓸 때는 앞의 두 칸을 모두 들여 써야 해요.

만약 2연이나 3연의 동시를 쓴다면 연이 바뀔 때마다 한 줄 비우고 그 다음 줄에 쓰는 거예요.

		엄	마	야		누	나	야		강	변		살	자			
		들	에	는		반	짝	이	는		금	모	래		빛		
		뒷	문		밖	에	는		갈	잎	의		노	래			
		엄	마	야		누	나	야		강	변		살	자			

★ 문장 부호의 이름

글을 쓸 때 사용하는 문장 부호는 우리가 잘 아는 것도 있지만, 가끔씩 보기 때문에 잘 모르는 것도 있어요. 문장 부호의 이름을 알아봐요.

✽ 마침표

- 온점(.) : 마침표의 하나로 가로쓰기에 쓰는 문장 부호 '.'의 이름이죠. 서술·명령·청유 따위를 나타내는 문장의 끝에 쓰거나, 아라비아 숫자만으로 연월일을 표시할 때나 준말을 나타낼 때, 표시 문자 다음에 써요.
- 물음표(?) : 마침표의 하나로 문장 부호 '?'의 이름이죠. 의심이나 의문을 나타낼 때에 써요.
- 느낌표(!) : 마침표의 하나로 문장 부호 '!'의 이름이죠. 감탄이나 놀람, 부르짖음, 명령 등 강한 느낌을 나타낼 때에 써요.

✽ 쉼표

- 반점(,) : 쉼표의 하나로 가로쓰기에 쓰는 문장 부호 ','의 이름이죠. 문장 안에서 짧은 휴지를 나타낼 때에 써요.
- 가운뎃점(·) : 쉼표의 하나로 문장 부호 '·'의 이름이죠. 열거된 여러 단위가 대등하거나 밀접한 관계임을 나타낼 때에 써요.
- 쌍점(:) : 쉼표의 하나로 문장 부호 ':'의 이름이죠. 내포되는 종류를 들거나 작은 표제 뒤에 간단한 설명이 붙을 때 쓰며, 저자의 이름 다음에 책 이름을 적거나 시(時)와 분(分), 장(章)과 절(節) 따위를 구별할 때 그리고 둘 이상을 대비할 때에 써요.

- 빗금(/) : 쉼표의 하나로 문장 부호 '/'의 이름이죠. 대응·대립되거나 대등한 것을 함께 보이는 단어나 구, 절 사이에 쓰거나 분수를 나타낼 때에 써요.

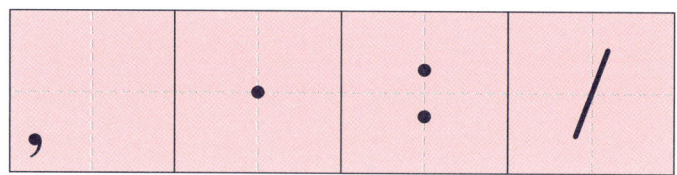

✱ 따옴표

- 큰따옴표(" ") : 따옴표의 하나로 가로쓰기에 쓰는 문장 부호 ' " " '의 이름이죠. 글 가운데서 직접 대화를 표시하거나 남의 말을 인용할 때에 써요.
- 작은따옴표(' ') : 따옴표의 하나로 가로쓰기에 쓰는 문장 부호 ' ' ' '의 이름이죠. 따온 말 가운데 다시 따온 말이 들어 있을 때나 마음속으로 한 말을 적을 때에 써요.

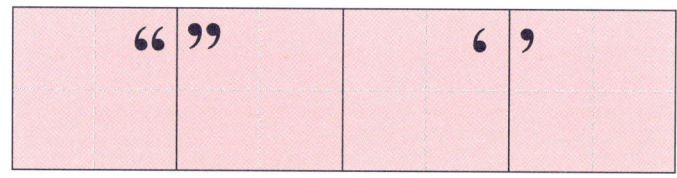

어때요? 이 정도면 원고지 쓰기에는 도사가 되었겠죠? 엄마 아빠의 도움이 없어도 스스로 할 수 있을 거예요. 제일 좋은 건 연습이지요. 잊지 말고 꼭 연습하도록 해요. 실력은 나를 위해 쌓는 거예요. 지금 얻은 지식은 내가 어른이 된 후에도 사용할 때가 꼭 생기는 법이에요. 연습용 원고지가 있으니까 꼭 자신의 이름을 적어 넣고 앞에서 배운 것들을 연습해요. 바로 시작할까요?

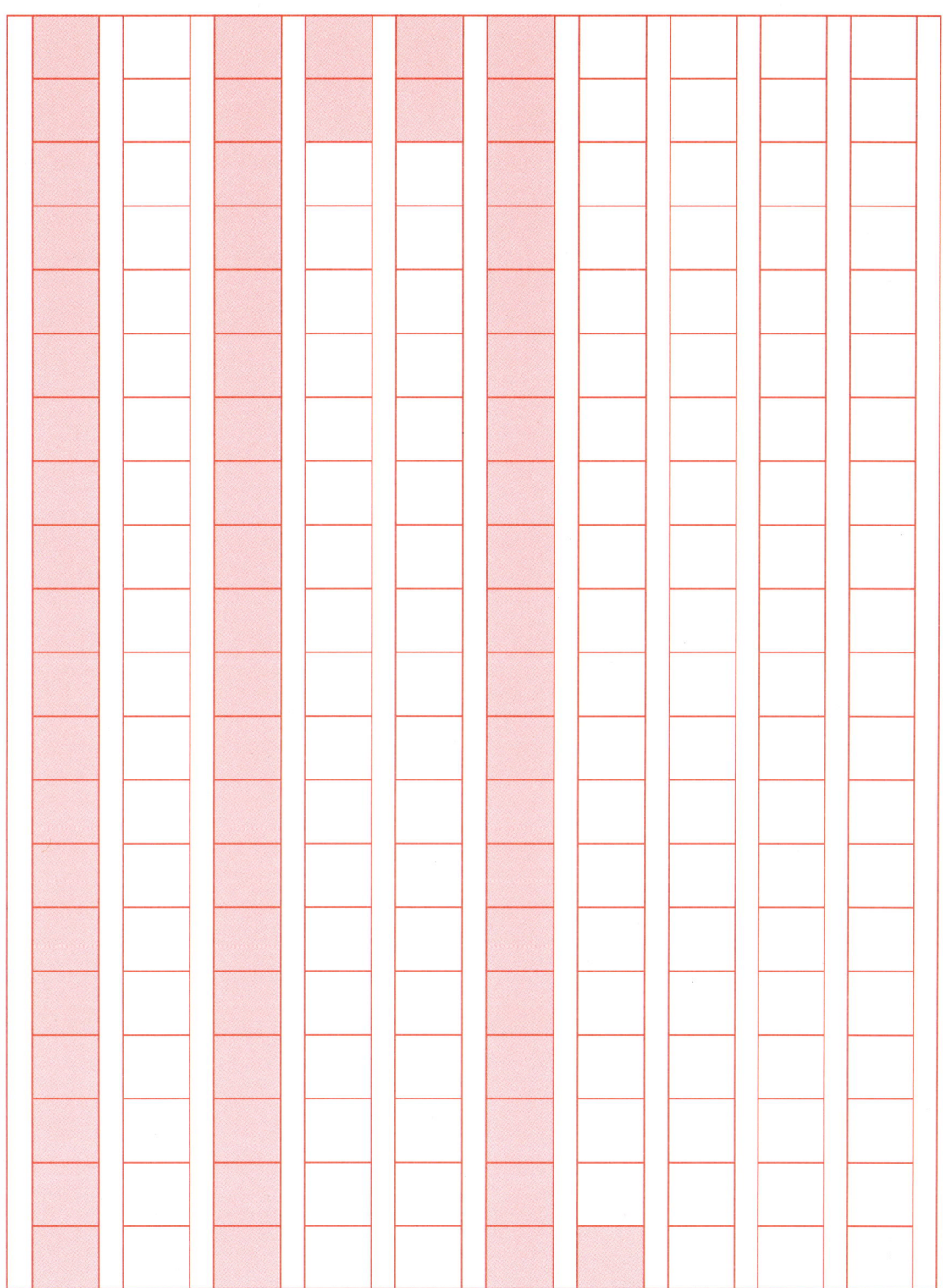

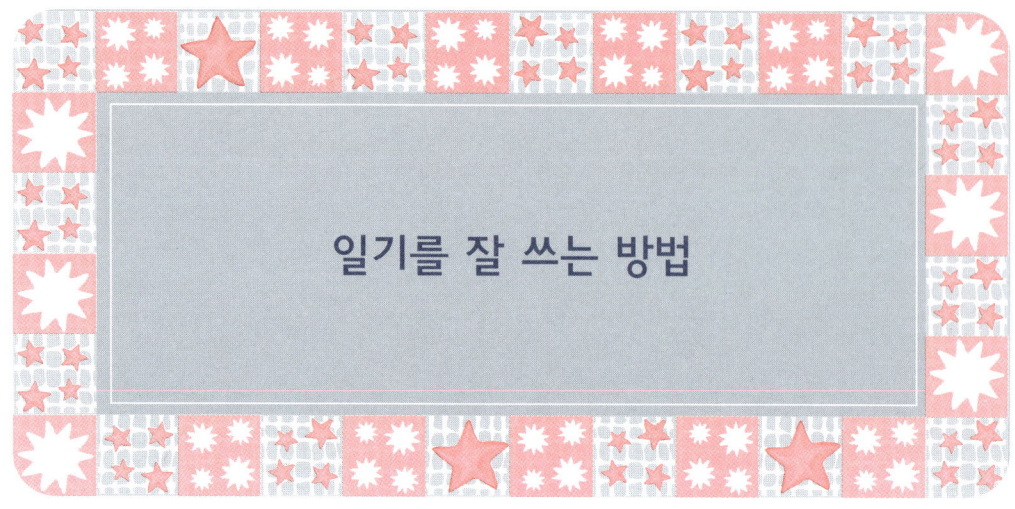

일기를 잘 쓰는 방법

일기를 잘 쓴다는 것은 **자신이 겪었거나, 생각했거나, 읽었던 책 등 하루 일과를 잘 정리한다는 것을 의미**해요. 처음부터 잘 정리한다는 것은 쉽지 않지만 꾸준하게 연습을 하다 보면 자신도 모르는 사이에 표현력이 늘어요.

선생님과 엄마 아빠가 매일 일기를 쓰는 게 좋다고 말씀하는 것도 **어린이 여러분의 생각을 잘 정리하도록 도와주려는 뜻**이에요. 그리고 자신을 되돌아보는 계기도 되지요.

일기를 쓰면 좋은 점도 많아요. 일기는 **자신의 하루를 반성하고, 기록하여 추억으로 남길 수 있으며, 맞춤법이나 띄어쓰기 능력을 기르는 데도 탁월**하지요. 또한 일기를 쓰는 습관을 기르는 것도 중요해요. 일기는 꾸준한 글씨 쓰기 연습을 할 수 있지만 때로는 귀찮다고 느껴질 때가 있어요. 뭘 써야 할지 모를 때가 가장 난감해요. 이럴 때는 일기의 형식을 바꿔보는 것도 좋아요.

일기의 형식에는 **만화 일기, 동시 일기, 체험 일기, 관찰 일기, 메모 일기, 조사 일기, 영화 일기, 학습 일기, 날씨 일기, 여행 일기, 견학 일기, 독서 일기, 사진 일기, 상상 일기, 한자 일기, 마인드맵 일기, 생활 일기, 편지 일기, 요리 일기, 영어 일기** 등 정말 많아요. 이런 형식 외에도 자신이 개발하거나, 관심을 갖고 있는 분야가 있다면 그것을 주제로 일기를 쓰면 된답니다. 여러 가지 주제로 일기를 쓴다면 정말 색다른 나만의 일기가 탄생할 거예요.

| 년 | 월 | 일 | 요일 | 날씨 |

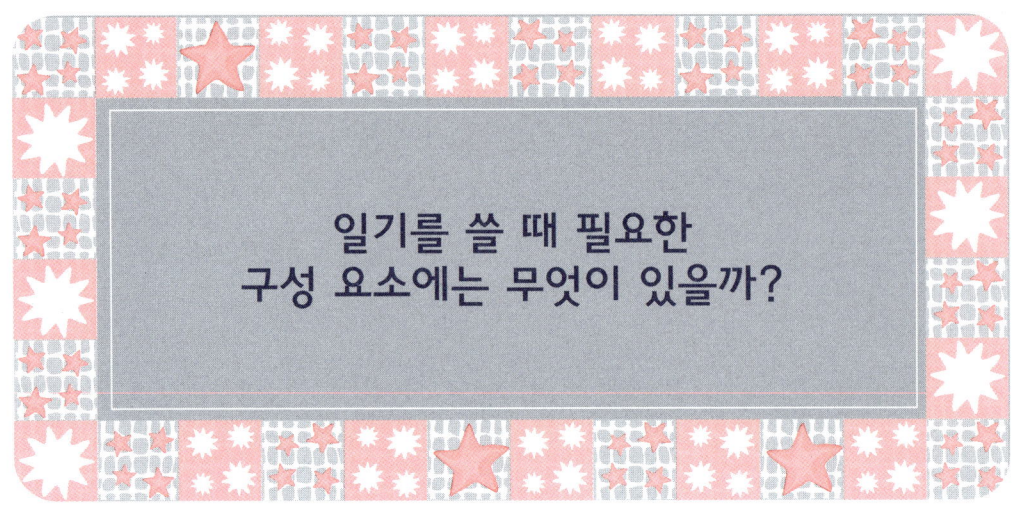

★ 오늘은 무슨 날?

언제 일어난 일인지를 알려면 날짜와 요일이 필요해요.

★ 오늘의 날씨는?

해가 쨍쨍 났는지, 비가 왔는지, 눈이 왔는지, 구름이 가득한 하늘인지를 적어 주면 좋아요.

★ 오늘 하루에 제목을 붙여 볼까?

제목만 봐도 그날에 어떤 일이 있었는지 알 수 있어요. 하지만 꼭 제목을 붙이지 않아도 괜찮아요.

★ 어떤 일이 가장 기억에 남았니?

일기장에 하루를 모두 기록할 수 없다는 걸 기억하세요. 그래서 가장 기억에 남는 중요한 부분만 적고 자신의 생각과 느낀 점이 구체적으로 나타나도록 적는 게 중요해요.

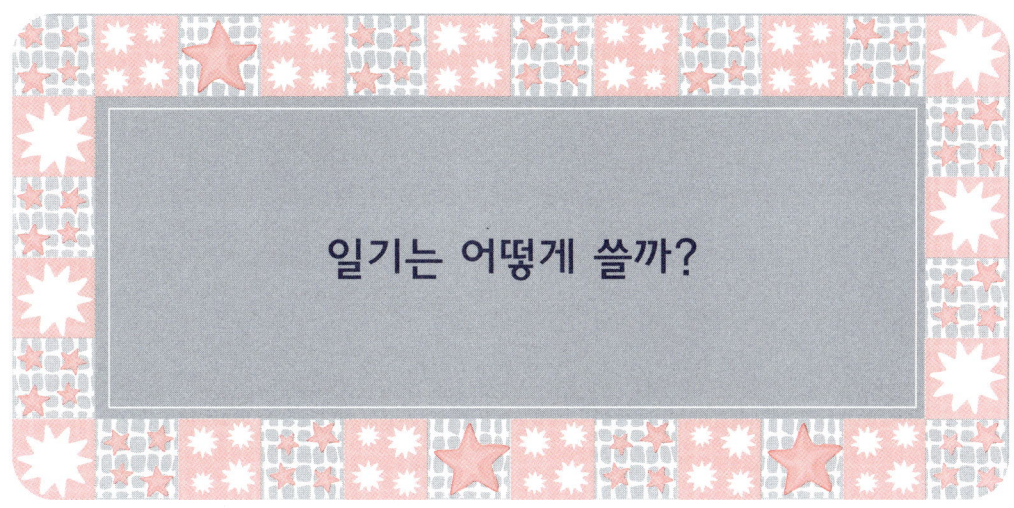

일기는 어떻게 쓸까?

일기는 그날에 있었던 일들을 모두 기록하듯 적지 않아요. **하루 일과 중에서 가장 기억에 남거나 중요한 내용을 한 가지만 구체적으로 적는 게 좋아요.**

예를 들어 친구와 함께 종이접기를 하고 놀았다면 무엇을 접었는지, 무슨 색으로 접었는지, 나와 내 친구가 접은 모양은 어땠는지, 몇 개를 접었는지, 내 생각에 누가 더 잘 접었는지 등 종이접기에 초점을 맞추어야 해요. 따라서 종이접기를 하다가 간식을 먹은 다음에 친구 엄마가 와서 친구를 데리고 간 일을 적으면 안 되겠죠?

가장 기억에 남는 내용을 적는다고 했는데 사실만 적으면 재미없는 글이 돼요. **일기는 자신을 반성하고 나은 사람이 되기 위해 생각을 하는 시간**이기도 해요. 그래서 일기를 쓰기 전에는 무엇에 대해서 쓸 것인지 겪은 일을 중심으로 생각하고 기분이 어땠는지, 어떤 일이 벌어졌는지를 생각하면서 쓰는 연습을 하면 자연스럽게 길이도 길어져요.

하지만 길게 쓰는 게 어렵다면 **단 몇 줄이라도 자신의 생각이나 감정을 표현하는 데 집중**하는 것이 좋아요.

일기는 자유로운 형식으로 쓰면 돼요. 사투리를 적을 수도 있고 평소에 쓰던 말들을 그대로 적을 수도 있지만, **맞춤법과 띄어쓰기에 신경을 쓰면서 적는 연습**을 하면 좋아요.

일기를 다 적은 다음에는 쓴 것을 읽고 틀린 글자를 고치거나 문장을 다듬어서 완성하면 돼요.

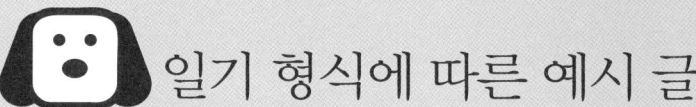 일기 형식에 따른 예시 글

★ 학습 일기

받아쓰기 시험

가슴이 자꾸만 쿵쾅쿵쾅 뛰었다. 손도 조금 떨렸다. 받아쓰기 시험이 걱정되었나 보다. 요즘은 받아쓰기의 문장이 길어져서 실수를 많이 한다. 며칠 전에는 4개나 틀렸다. 그래서 받아쓰기 연습을 조금 더 했다. 다행히 이번에는 2개만 틀렸다. 연습하는 시간을 조금 늘렸더니 결과가 나타났다. 다음 시험에는 어제보다 연습하는 시간을 더 늘려서 백점에 도전해 봐야겠다.

★ 관찰 일기

봉선화

엄마와 같이 심었던 봉선화가 싹을 틔웠다. 매일 물도 열심히 주고 엄마가 나에게 책을 읽어 주는 것처럼 나도 씨앗에게 동화책을 읽어 주었다. 평평하던 흙들이 약간 솟아 있는 걸 보니 싹이 나면서 흙을 조금 움직였나 보다. 씨앗은 손이 없는데 어떻게 흙을 움직였을까? 씨앗이 자라는 모습을 매일매일 그림으로 그려서 친구에게 보여 줘야지. 빨리 자라서 예쁜 꽃을 피웠으면 좋겠다.

★ 편지 일기

할아버지께

할아버지 안녕하세요? 며칠 전에 그림 그리기 대회가 있었어요. 저는 시골 할아버지 댁에서 동물들과 놀았던 것을 그렸어요. 복실이와 새끼 강아지도 그리고, 아주 넓은 닭장에서 노는 어미닭과 귀여운 병아리들도 그렸어요. 그림을 다시 보니 할아버지가 많이 보고 싶어요. 그래서 여름 방학이 기다려져요. 오랫동안 할아버지와 함께 지내려면 방학이 제일 좋거든요. 할아버지도 제가 많이 보고 싶으세요? 건강하시고 조금만 기다리세요.

2015년 6월 5일 은서 올림

★ 생활 일기

공원

우리 동네에는 작지만 아주 예쁜 공원이 있다. 어린이 대공원은 아주 크고 재미있는 놀이기구도 많지만, 우리 동네의 공원에는 아빠와 앉아서 이야기를 나누는 특별한 의자가 있어서 좋다. 저녁에는 별도 볼 수 있고, 아이스크림도 먹으면서 학교에서 있었던 일을 이야기하다 보면 시간이 정말 빨리 지나간다. 그리고 계절의 변화도 공원에서 더 자세하게 느낄 수 있다. 아빠와 함께하는 시간은 정말 좋다.

★ **체험 일기**

청소

바나나 껍질, 과자 봉지, 소시지 포장지, 빈 그릇이 마루에 어지럽게 널려 있는 것을 보았다. 동생과 마루에서 맛있는 것을 먹으면서 놀았다는 흔적들이다. 빈 그릇과 바나나 껍질은 부엌에 갖다 놓고, 비닐은 재활용 통에 담았다. 우리가 놀던 자리가 깨끗해지니 마음도 덩달아 좋아졌다. 엄마는 집이 깨끗해졌다며 칭찬해 주셨다. 앞으로 내가 놀던 자리는 깨끗하게 치우기로 마음먹었다.

오늘은 어떤 일이 있었을까?